I0081688

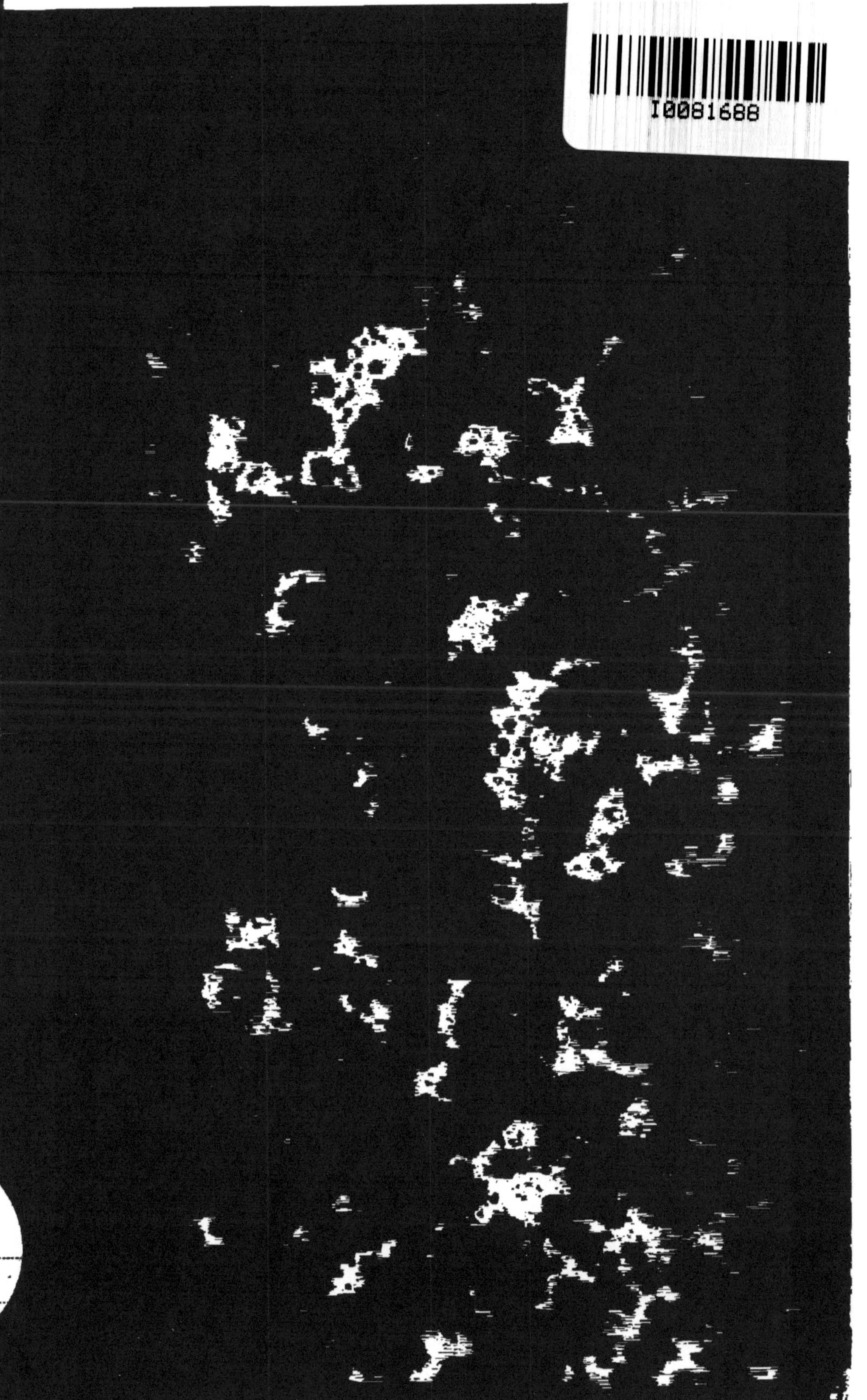

Lb 42 522

TABLEAU SPECULATIF DE L'EUROPE,

PAR DUMOURIEZ.

BIBLIOTHÈQUE ROYALE

A HAMBOURG.

1798.

ERRATA.

Page 30, dernière ligne, *la concession des circonstances*, lisez le concours des circonstances.

P. 72, l. 23, *elle avance*, lisez elle avoue.

P. 77, l. 22, *entre Gagliaro et la Sicile*, lisez Cagliari et Palerme.

Idem. *Gennerro*, lisez Genaro.

DISCOURS PRÉLIMINAIRE.

L'HISTOIRE de plusieurs siècles réunis ne présente pas un exemple d'événemens aussi extraordinaires et aussi importans pour l'humanité, que ceux qui donnent lieu à ce tableau spéculatif. Le sort des nations a été décidé en 1797, par un seul homme, et en un clin-d'œil.

Les hommes extraordinaires sont lancés au travers des siècles comme des comètes. L'astronomie, ni la politique ne peuvent calculer l'influence des uns ni des autres. On prend leur marche excentrique pour des aberrations, jusqu'à ce que les grands effets de ces phénomènes prouvent que leur apparition est arrangée d'avance par la Providence, dont les décrets sont aussi absolus qu'incompréhensibles.

Avant que le traité préliminaire de Léoben fût signé, Bonaparte pouvoit, malgré son génie héroïque, être enfermé et affamé dans les montagnes de la Styrie, coupé d'avec l'Italie, et forcé d'en recommencer la conquête, s'il parvenoit à y rentrer, en passant sur le corps des autrichiens et des vénitiens réunis. Le courage et les talens de ce général extraordinaire, n'auroient pas suffi pour le tirer de cette horrible crise, si l'heureux destin de la France n'avoit pas suscité dans le cabinet de Vienne une terreur salutaire qui a forcé l'empereur à faire une paix précipitée, lorsqu'un retard de quinze jours, auroit indubitablement changé la face de ses affaires.

La retraite du courageux archiduc Charles dans une position inforçable sur le Danube, d'où il protégeoit efficacement la ville de Vienne, les dispositions défensives de cette capitale, habilement arrangées par le général Mack, mettoient en sûreté cette ville importante contre les attaques de Bonaparte.

Ce général menacé par ses deux flancs,

par le corps d'armée du Tirol sur sa gauche, par l'armée d'insurrection de la Hongrie sur sa droite, se trouvoit sans vivres, sans argent, à près de quatre-vingt lieues de l'Italie, dont la communication lui étoit coupée par la prise de Trieste, et par le soulévement général de la république de Venise, dont elle a été punie par les autrichiens.

L'armée vénitienne s'étoit emparée de Vérone, dont les châteaux seuls étoient occupés par un petit corps de troupes françaises, qui alloit être forcé de se rendre au général Laudhon. Celui-ci s'étoit déja rendu du Tirol dans cette ville, où il avoit joint les vénitiens, lorsqu'il reçut l'ordre aussi funeste qu'imprévu, de cesser toute hostilité, et de se retirer dans le Tirol.

A la vérité, les généraux autrichiens avoient si mal défendu le passage de la Lahn et du Haut-Rhin, contre les français, qu'on pouvoit présumer que ceux-ci avanceroient aussi rapidement que l'année précédente, et que bientôt ils reporteroient la guerre dans le haut Palatinat et dans la Bavière.

Mais en ce cas même, les positions que les généraux Werneck et la Tour auroient prises dans leur retraite, en concentrant la guerre, auroient donné plus d'ensemble et de forces réunies à l'archiduc Charles pour soutenir cette attaque, d'autant plus dangereuse pour les français, qu'ils se seroient trop éloignés de leurs frontières, et auroient laissé, comme l'année précédente, quatre places fortes entr'eux et les secours, ou les points de retraite, en cas de mauvais succès.

La retraite des autrichiens des bords du Rhin, jusqu'au Danube, pouvoit se faire lentement, et en chicanant le terrein; et quelque promptitude que les français missent dans leur marche, depuis le Rhin jusqu'en Bavière, et aux frontières de la Bohême, il leur falloit plus d'un mois pour arriver à portée de concerter leurs opérations avec Bonaparte. Ce général ne pouvoit pas attendre aussi long-tems, sans être forcé de prendre le parti ou de se retirer en Italie pour étouffer l'insurrection des vénitiens, ou d'attaquer en désespéré Vienne et l'archiduc.

L'archiduc pouvoit refuser le hasard d'une bataille, s'il ne vouloit pas exposer le sort de la maison d'Autriche au choc d'un désespéré. Quant à Vienne, cette place défendue par une armée de trente mille hommes et par l'habile général Mack, soutenue par le voisinage de l'armée de l'archiduc Charles, ne pouvoit pas être enlevée subitement par Bonaparte, sans artillerie de siège, sans vivres, sans argent, avec une armée harassée et affoiblie, cernée de tous les côtés, et dont les communications étoient totalement coupées avec l'Italie, d'où il devoit tirer ses vivres et ses munitions.

1°. S'il attaquoit cette capitale de vive force c'étoit un coup de désespoir qui devoit entraîner, selon toutes probabilités, sa ruine totale. S'il avoit même réussi à y entrer, il auroit certainement fait beaucoup de mal; mais il y auroit été bientôt accablé par l'armée fraîche de l'archiduc Charles.

2°. Il ne pouvoit pas tenter de faire sa retraite par la Bavière, pour se réunir au général Moreau, parce qu'il en étoit séparé par les montagnes de l'archevêché de Saltzbourg, occupées en force par les impériaux, que l'archiduc pouvoit renforcer encore, ainsi que la division qui défendoit le Tirol.

3°. S'il vouloit faire sa retraite sur l'Italie, il pouvoit être prévenu par le général Laudhon et les vénitiens à Ponteba et aux autres défilés de la Carinthie, tourné sur sa droite par l'armée hongroise, et alors poursuivi très-chaudement par l'armée chargée de la défense de Vienne. Sa retraite même lui eut fait perdre la confiance des peuples de l'Italie, encore mal assurés en révolution; et peut-être toutes les troupes françaises eussent-elles été massacrées par ces mêmes peuples, qu'il avoit rendu libres, et qu'il avoit armés.

Il falloit cependant qu'il prît un de ces trois partis avant huit jours, ne pouvant pas rester plus long-tems dans la même position, dont il n'avoit qu'un moyen de se tirer; moyen qu'il a saisi avec une habileté qui lui fait autant d'honneur, au moins, que les brillans exploits militaires qui l'avoient engagé dans une situation aussi critique. C'étoit de profiter de la consternation de la cour de Vienne, de lui présenter l'appât irrésistible d'un grand intérêt, et de négocier assez avantageusement pour elle, pour l'engager subitement à la paix.

Jamais armée française n'a été plus près des *fourches caudines*, jamais général ne s'en est dégagé avec plus d'adresse. Les avantages que Bonaparte a accordés à l'empereur dans la négociation de Léoben ont été proportionnés à la grandeur de son danger, et en sont la preuve; ils ont été couverts du voile du mystère. Les circonstances qui ont suivi ce traité préliminaire, ont encore rendu ces avantages plus considérables des deux côtés.

Ne cherchons point dans ces transactions les principes de morale et de justice universelle, si pompeusement étalés dans les bases de la constitution du peuple républicain français, et dans les proclamations emphatiques des cours. La probité des rois et des peuples, n'est point celle des particuliers : leur politique n'a jamais changé, et ne changera jamais.

L'antique, foible et malheureuse république de Venise a été la victime de la vengeance, juste ou non, des français et de l'intérêt de la cour de Vienne : son arrêt de mort a été prononcé à Campo-Formio. La Dalmatie, plusieurs provinces de Terre-Ferme, Venise même, sont devenues une avantageuse indemnité pour le Milanès, les Pays-Bas et l'Autriche antérieure.

La cession de cette dernière province au duc de Modène, laisse même l'éventualité certaine de cette réintégration, à titre d'héritage, à la maison d'Autriche, à moins que la France, attentive à éloigner d'elle un aussi grand voisin, n'ait arrangé quelque article secret pour que cette province ne rentre plus dans ses mains.

L'héritage du duc de Modène revient à la princesse de Conti : tous les biens de la maison de Bourbon sont confisqués et appartiennent à la république française ; donc la succession de Modène revient à la R. F. Cette jurisprudence est digne du siècle où nous vivons, ou plutôt elle a existé de tout tems, car c'est ainsi que la république de Venise avoit acquis jadis le royaume de Chypre.

Tout est mystère dans une négociation où les puissances contractantes se sont réciproquement indemnisées aux dépens d'autrui. L'Empire a ouvert le congrès de Rastadt, sans savoir ce qui a été arrangé pour ou contre lui. Les différens états composant le corps germanique, se confiant aux proclamations réitérées du chef de l'Empire, ont envoyé à ce congrès leurs députés avec des pleins pouvoirs fondés sur la conservation de l'intégrité de l'Empire.

Mais bientôt les français ont levé une partie du voile qui couvroit le mystère de leurs négociations. L'évacuation de Mayence par les impériaux, précisément au moment où les français se trouvoient à portée de s'en saisir, sans donner le tems à l'Empire, ou au souverain particulier d'y jetter une garnison et de l'artillerie, pour conserver cette clef de l'Allemagne, au moins jusqu'à ce que la paix qui se traite à Rastadt, eût décidé du sort de cette ville, a prouvé clairement que cette cession étoit assurée d'avance par l'empereur.

Toute la partie de l'Empire à la gauche du Rhin, paroît aussi faire certainement partie de cette cession, puisque les français, sans attendre le résultat du congrès de Rastadt, et sans éprouver aucune réclamation, se pressent de partager cette belle conquête en départemens et en municipalités, comme les autres contrées de la grande république.

La retraite des armées de l'empereur vers ses états héréditaires, a encore découvert un autre mystère des négociations de Campo-Formio. L'archevêché de Saltzbourg, et une partie de la succession bavaroise, paroissent encore être la récompense de la cession, non contestée, et même facilitée, de Mayence et de toute la rive gauche du Rhin ; comme la Dalmatie et l'état de Venise, sont celle de la reconnoissance de la république cisalpine, et forment l'indemnité de l'Autriche antérieure et des Pays-Bas autrichiens.

Cette grande négociation, qui change le sort, les intérêts, et sur-tout l'opinion de l'Europe, cache encore d'autres mystères que le résultat du congrès de Rastadt, va mettre au jour. Quoiqu'il n'y ait que le traité de Campo-Formio de connu, quoique l'empereur soit le seul négociateur apparent avec la république française, il est d'autres puissances qui doivent, comme lui, être indemnisées et récompensées.

L'Empire est là comme un mets propre à assouvir l'avidité de plusieurs convives affamés. On va le découper, et en donner un morceau à chacun, selon sa taille et son appétit. N'anticipons pas les détails de ce repas politique. Bientôt on verra de nouveaux partages géographiques, qui changeront l'étendue, la force, les intérêts, les prétentions, les causes d'alliances et d'inimitiés des souverainetés qui constitueront la république européenne à la fin de ce siècle.

Examinons avec rapidité l'influence probable de cette révolution territoriale, et ses conséquences pour les souverainetés qui n'auront pas encore été fauchées par la révolution morale et politique.

Deux événemens qui se présentent à la spéculation, aideront à développer encore sous peu, d'autres mystères de la politique des conquérans, et de ceux qui, craignant de s'opposer à leurs progrès, cherchent à glaner après eux. Le premier est l'incorporation de l'évêché de Basle à la république française, la protection accordée aux révolutionnaires du pays de Vaud, et le révolutionnement géneral de la ligue helvétique.

Le second est la guerre déclarée de fait par la république cisalpine au gouvernement pontifical, et la sortie de Rome de l'ambassadeur Bonaparte, à la suite de l'émeute populaire, et de la mort funeste du général Duphot. Ce fait, raconté contradictoirement par les deux partis, ne peut pas être jugé de loin; mais quelle qu'en soit la cause, le directoire français en a ordonné la vengeance, et en a chargé son armée d'Italie. Il ne néglige pas non plus l'intérêt. Des commissaires sont sur-le-champ partis pour aller prendre à Rome le reste des monumens précieux de l'antiquité, et sans doute la riche argenterie de l'église. L'armée française va battre monnoie dans l'église Saint-Pierre, pour aider à combattre les hérétiques anglais.

On placera dans ce tableau spéculatif, les événemens, au chapitre de chacun des pays dont on examinera la situation politique résultante du changement que la révolution française a produit en Europe, et des influences inévitables de cette grande catastrophe.

Tous les livres de droit public, tous les traités, toutes les bases de la politique, et de ce qu'on appeloit très-improprement la balance de l'Europe, sont devenus des objets de pure curiosité, qui ne méritent plus d'être étudiés et consultés, et qu'on peut désormais ensevelir dans les grandes bibliothèques.

La tranquillité du Nord avoit pour base le

traité d'Oliva, de 1660. En 1770, le grand Frédéric et la célèbre Catherine II, ont créé pour la Pologne un système de partage, auquel l'Autriche a été forcée d'accéder. Le traité d'Oliva a été annullé par cette politique neuve, facile et tranchante, et la Pologne a été envahie.

La tranquillité du reste de l'Europe avoit pour base le traité de Westphalie, de 1648. Le traité de Vienne, de 1756, qui a uni les intérêts de la maison d'Autriche, avec celle de Bourbon, a détruit ce fondement de la sûreté des possessions de l'Europe, a soumis la France à la politique de Vienne, l'a engagée dans des guerres dispendieuses, funestes, et de conséquences en conséquences, a amené la révolution française.

La tranquillité des mers et des colonies des Européens avoit pour base le traité d'Utrecht de 1713. La révolte des américains, l'alliance de Louis XVI avec eux, a créé un nouveau peuple indépendant, a inoculé en

France le germe révolutionnaire, a ébranlé la sûreté du commerce et des colonies, dont la ruine vient d'être achevée par la philantrophie très-juste en principe, mais très-mal entendue et encore plus mal appliquée par les législateurs français.

Voilà donc toutes les bases de la tranquillité, de la sûreté, de la propriété des nations renversées. La grande révolution commencée en France en 1789, a perfectionné ce cahos. Si les puissances étrangères avoient pu rester simples spectatrices de ce grand événement, il n'auroit agi que sur la nation française seule, ses conséquences eussent été très-lentes; son influence sur le reste de l'Europe eût été presque insensible, et n'eût pu être que bienfaisante, parce qu'elle n'eût été accompagnée ni de crimes, ni de désordres, ni de massacres, ni d'excès d'opinions.

Mais le systême de partage a amené la guerre, et ce systême devient le grand

moyen

moyen de faire la paix, parce que les français ayant eu le funeste bonheur de toujours vaincre, sont devenus conquérans, et oubliant les principes sur lesquels il ont basé leur constitution, ont adopté le systême de partage politique, à la mode en Europe, depuis 1772.

L'exemple leur en a été donné par les chefs des nations qui crient le plus fort contre la politique envahissante des nouveaux républicains. Le feu roi de Prusse n'a cessé de se battre contre les français, que pour aller completter avec l'Autriche et la Russie le partage de la Pologne, et la nation sarmate est effacée des annales du monde, non pas, cependant, sans espoir de renaître. Des vengeurs de la liberté polonaise, se forment dans les armées des trois puissances co-partageantes, et sur-tout dans celle du célèbre Bonaparte. On peut prévoir cet événement, sans qu'il soit possible d'en pressentir encore l'époque; mais elle n'est pas éloignée, si le génie révolutionnaire continue à marcher à pas de géant. Jusqu'à ce que cela arrive, il faut, dans ce tableau spéculatif, laisser à part ce peuple qui ne peut plus figurer parmi les nations de l'Europe.

Le tableau spéculatif de l'Europe, en 98, va se dérouler dans l'ordre suivant:

I. L'Autriche.

II. La Prusse.

III. L'Empire d'Allemagne.

IV. La Suisse.

V. L'Italie.

VI. La Turquie.

VII. La Russie.

VIII. La Suède.

IX. Le Danemarck.

X. L'Angleterre.

XI. L'Espagne.

XII. Le Portugal.

XIII. Les Etats-Unis.

XIV. La Hollande.

XV. La France.

TABLEAU SPECULATIF DE L'EUROPE.

FÉVRIER 1798.

CHAPITRE PREMIER.

L'Autriche.

L'AUTRICHE, avant la révolution française, étoit la première puissance de l'Europe, tant par la dignité prépondérante de chef de l'Empire, que par la force de ses armées, l'étendue et la position de ses états, et l'influence de sa politique. Son alliance avec la France, l'assuroit contre toute guerre, en cas qu'elle ne voulût pas elle-même commencer l'agression.

Elle pouvoit même éviter la guerre malheureuse dans laquelle elle s'est engagée contre la nation française. A la vérité, son influence n'auroit pas été aussi forte sur un gouvernement mixte que sur une monarchie illimitée; ses connexions n'auroient pas été aussi intimes de peuple à peuple, qu'avec une cour alliée; mais si elle perdoit l'espèce de suzeraineté qu'elle s'étoit arrogée sur un gouvernement foible, elle étoit sûre au moins de trouver plus de solidité, moins de caprices, moins d'intrigues dans un peuple que dans les entours d'un roi, ou dans un changement de règne ou de ministère.

L'Autriche a perdu, par cette guerre, son antique héritage des Pays-Bas, qui lui donnoit des connexions particulières et avantageuses avec la France, l'Angleterre et la Hollande. Elle a perdu la fertile Lombardie, dont elle n'a jamais tiré un parti aussi avantageux qu'elle le pouvoit, et son influence sur l'Italie, où une branche de sa maison végète précairement à la tête d'un petit état, qui ne peut pas tarder à être absorbé par la révolution démocratique, dont les progrès en Italie sont trop rapides pour pouvoir être arrêtés, et qui avant la fin du siècle, doivent unir, sinon indivisiblement, au moins fédéralement, tous les peuples de cette contrée en un seul corps politique.

Elle a perdu toute communication avec le Rhin, par la cession de l'Autriche antérieure au duc de Modène, à la vérité, avec l'espoir de rentrer dans cette possession à titre d'hérédité, à moins que la politique française n'aît arrangé d'avance des obstacles contre cette éventualité.

Enfin, elle va perdre, par le démembrement du corps germanique, et par la dissolution conséquente de son association politique, l'influence idéale, mais cependant très-réelle, attachée à la dignité de chef de l'Empire.

Voyons les compensations. Elle a gagné, pendant le cours de cette guerre, une portion de la Pologne, dont la dimension territoriale est plus du double de celle des pays Pays-Bas, et dont la population va au tiers de celle de la Belgique.

Elle a gagné en indemnité de la Lombardie, tout le territoire de Terre-Ferme de

Venise, depuis le lac de Guarda, jusqu'à Rovigo; la superbe ville de Venise, le Frioul, l'Istrie et la Dalmatie vénitienne; c'est-à-dire deux fois plus de territoire et de population qu'elle n'en possédoit dans la Lombardie, des ports et des moyens de commerce et de marine qu'elle n'avoit jamais possédés.

Il paroît, par la position concentrique qu'elle donna à ses troupes dans leur retraite des bords du Rhin, qu'elle va gagner l'archevêché de Saltzbourg, et le cours de l'Inn et du Danube, depuis Donaverth, Ingolstadt, Passaw, jusqu'à Vienne; et cet arrondissement donne une grande force d'ensemble à ses états héréditaires. La paix de Rastadt, si elle se conclut, nous apprendra ce que deviendront le duché de Newbourg, le Haut-Palatinat et le reste de la Bavière.

Il paroît que (hors l'honneur) l'Autriche a beaucoup gagné à cette guerre; son territoire, sa population même, sont considérablement augmentés. Sa puissance et sa force sont plus concentrées. La possession de ses nouveaux états d'Italie, couvre la Hongrie et la Croatie, et lui ouvre un débouché extrêmement avantageux, pour vivifier, par le commerce, ces belles provinces qui languissoient faute de moyens d'importation et d'exportation. Elle a moins d'objets d'ambition, d'agitation politique, de guerres éloignées, de dépenses ruineuses. Elle a plus de ressources pour se procurer, par les canaux du commerce et de l'agriculture, le numéraire, dont sa position *méditerranée* lui faisoit ressentir la pénurie.

Moins attachée à la dignité impériale, par la dissolution du corps politique, qui faisoit l'éclat et l'embarras de ce titre auguste, elle ne peut considérer à l'avenir le reste de l'Allemagne, que comme un pays intermédiaire entre elle et la république française, avec laquelle, n'ayant plus de points de contact, il semble qu'elle n'a plus de motifs de contestations.

Pourvu qu'elle reste en paix avec la France, elle pourroit n'avoir plus besoin d'alliés.

Elle a pour ennemis naturels la Turquie au sud-est, mais trop foible et trop mal gouvernée pour la gêner; la Russie, à l'est et au nord-est, par le voisinage de ses états polonais; la Prusse, au nord et à l'ouest, par les mêmes états polonais, par la Silésie, et même par le haut du Danube, en cas qu'un jour la maison Palatine et celle de Saxe, se liguent avec la Prusse, comme cela doit naturellement arriver, pour se faire restituer, l'une son héritage, l'autre ses biens allodiaux.

Mais son plus grand danger est en Italie. Les nouveaux états vénitiens qui sont sa principale force, qui doivent un jour lui procurer ses principales ressources, peuvent avant cette heureuse époque, l'épuiser et causer sa ruine. Le peuple vénitien, pénétré de son zèle antique pour son gouvernement aristocratique, entraîné par son indignation contre les violences des français et contre la véhémence de la démocratie cisalpine, doit, dans le premier moment, regarder les autrichiens comme des libérateurs; mais ce sentiment ne peut durer.

Ce peuple se souviendra toujours que depuis mille ans il est républicain. Le joug même le plus doux, lui paroîtra bientôt insupportable; les nobles eux-mêmes préféreront exister comme membres d'une nation libre, que comme vassaux d'un souverain allemand. La morgue de la cour de Vienne sera aussi incorrigible que l'amour de la liberté chez les vénitiens. Le voisinage de la république cisalpine, foyer perpétuel de conspirations, asyle assuré des mécontens et des perturbateurs, électrisera les plus timides; l'opinion des rois descend, celle des peuples monte. Un jour, le peuple vénitien redeviendra libre.

Telle est la marche irrésistible de la nature humaine, de l'opinion, et sur-tout de l'esprit révolutionnaire répandu en Europe, dont la force et la rapidité sont assurées par la grande supériorité des peuples libres sur les gouvernemens monarchiques; supériorité démontrée par cette étonnante guerre, et par la paix qui en sera le résultat.

Le danger pour la maison d'Autriche, est très-réel; sa possession en Italie est précaire, et sera une source de grandes guerres. Ou l'Autriche anéantira la république cisalpine, et profitera des révolutions de l'Italie pour en usurper la plus grande partie; ou Venise sera réunie ou indivisiblement ou fédéralement à la république italienne; et alors, c'est par la Dalmatie et l'Istrie, que l'esprit révolutionnaire s'étendra dans la Croatie et la Hongrie.

Ce ne seroit pas l'intérêt bien entendu de la France, de fomenter l'insurrection vénitienne contre la maison d'Autriche, après lui avoir livré ce peuple. Il ne seroit pas non plus de la bonne politique pour les français de favoriser l'accroissement rapide de la république cisalpine ; et l'accession du reste de l'Italie à sa révolution ; mais tout gouvernement démocratique est fougueux, imprudent, sans méthode, entraîné par les circonstances, poussé par les hommes du moment. D'ailleurs, quoique le directoire français puisse ne pas désirer l'agrandissement de ses enfans les cisalpins, il voudra encore moins les laisser anéantir par l'accroissement de la puissance autrichienne.

Les français joueront nécessairement le même rôle que les romains dans les querelles d'Antiochus avec les républiques grecques. Ce seront des arbitres trop puissans pour ne pas finir par imposer une loi très-dure.

D'autres événemens qui se préparent ailleurs, s'enchaîneront avec les disputes de l'Italie, et ainsi un des objets de cette guerre échappera à la maison d'Autriche, ou l'empereur conquerra l'Italie ; mais il est bien à craindre que la cour de Vienne ne soit punie par où elle a péché.

Les chapitres de la Suisse et de la Turquie développeront la concession des circonstances dangereuses qui un jour iront affliger la maison d'Autriche jusques dans l'arrondissement éloigné où elle semble s'être circonscrite par sa paix avec la France, pour se garantir du contact révolutionnaire.

CHAPITRE II.

La Prusse.

La conduite du directoire français, au mois de janvier 98, perce encore un des mystères qui couvrent les arrangemens secrets et pris d'avance, dont le développement doit être complété par la paix de Rastadt, si elle a lieu. On ignore les négociations de la France avec la Prusse; mais ce ne peut être qu'avec le consentement de cette dernière puissance que les français viennent d'incorporer dans la grande république le duché de Cleves et le comté de Mœurs, ce qui est arrivé le 17 janvier.

Il est plus que probable que le roi de Prusse a pareillement été prévenu de la première condition péremptoire que les plénipotentiaires français, au congrès de Rastadt, ont désignée au plénipotentiaire de l'empereur, et qu'il a référée aux autres ministres du corps germanique. Cette condition qui doit servir de base aux négociations, porte la cession de toute la rive gauche du Rhin à la république française ; des démarches sévères ont précédé et suivi cette demande ; les troupes françaises ont enlevé, l'épée à la main, le 26 janvier, la tête de pont de Manheim, et menacent de s'emparer de cette ville, quoiqu'à la rive droite : comme ils occupent encore le fort de Kehl, la Weteravie et Dusseldorff, il n'est pas douteux qu'ils prendront de même sous peu, de vive force, Ehrenbreistein, si on ne leur cède pas de bon gré.

Non-seulement le directoire français ne cache plus ses vues de prendre le Rhin pour limite, mais il veut dicter les conditions de cette cession au corps germanique assemblé à Rastadt ; il lui enverra le plan de partage qui, par l'extinction des souverainetés ecclésiastiques et des villes impériales, procurera l'indemnité aux princes ci-devant possessionnés à la rive gauche du Rhin, et qui changera entièrement la face de l'Allemagne.

Ce n'est pas ici le lieu d'examiner avec quelle sévérité la France use du droit du plus fort, et combien l'Allemagne est déshonorée par cette loi rigoureuse. Le corps germanique est une aggrégation de peuples grands et petits, dont les intérêts n'ont aucune communauté et ne forment aucun lien. Il y a en Allemagne des autrichiens, des prussiens, des hessois, des saxons, des bavarois, etc.; mais il n'y a pas de nation allemande; ainsi il n'y a pas d'honneur national.

Voilà les désavantages d'une nation fédéralisée. Les hollandais, les suisses et les italiens ont présenté les mêmes inconvéniens, et n'ont pas pu opposer de résistance à la masse d'une nation de vingt-cinq millions d'hommes, réunis en une seule république une et indivisible. Il n'y a en Europe que les français et les anglais qui puissent être unis par un patriotisme raisonné.

Revenons à la Prusse. Il est très-probable qu'outre les états qu'elle perd à la gauche du Rhin, elle sera obligée de céder encore aux français Wesel; car ceux-ci ne peuvent pas laisser entre les mains d'un souverain aussi puissant une place forte qui, en cas de guerre, couperoit la navigation du Rhin, et devient une place d'armes menaçante contre la Hollande et les Pays-Bas.

Les indemnités de ce souverain doivent être nécessairement équivalentes à la valeur de ces cessions, à la grandeur de sa complaisance et à sa puissance. La ville de Nuremberg et des arrondissemens pris sur l'évêché d'Aichstedt, sur l'ordre Teutonique et sur quelques misérables villes impériales, sur lesquels objets la cour de Berlin a fait depuis quelques années plusieurs tentatives barrées par la cour de Vienne, seroient de trop foibles dédommagemens.

La vraie politique de la France, que d'après son plan de négociations elle paroît bien concevoir, est d'élaguer de ses limites les deux principales puissances de l'Allemagne, et de les rapprocher l'une de l'autre, pour que leur rivalité les arme continuellement l'une contre l'autre, qu'elles s'affoiblissent ainsi mutuellement, et ne puissent plus nuire à la France, soit qu'elle adopte un système pacifique, soit qu'elle suive le système de conquête, plus convenable à la pétulance d'un gouvernement démocratique, toujours agité, toujours au dessous de sa dépense, auquel l'état de guerre devient une existence nécessaire.

Comme il ne se trouve dans le reste de l'Allemagne aucune autre partie qui puisse former l'indemnité du roi de Prusse, il est à présumer qu'elle sera établie dans le nord, dans les cercles de Basse-Saxe et de Westphalie, qui présentent plusieurs villes libres, plusieurs souverainetés ecclésiastiques, et l'électorat d'Hanovre, que les français prétendent très-certainement enlever au roi d'Angleterre ; ce qui cependant n'est pas prudent.

A la vérité, le nord de l'Allemagne paroît garanti de la perte de son intégrité par un traité de neutralité, respecté jusqu'à présent, et, par les déclarations du roi de Prusse. Le sort de cette partie de l'Allemagne dépend absolument du caractère moral de ce jeune monarque, qui, dans ce moment critique, est soumis à une très-forte épreuve.

Quelle que soit la décision du combat intérieur de la morale du roi de Prusse contre sa politique, il va incessamment, d'après l'incorporation de ses états à la gauche du Rhin dans la république française, être forcé de se déclarer cathégoriquement pour ou contre l'intégrité de l'Empire ; il va être ou le sauveur, ou le destructeur de la constitution germanique. On peut croire que cette constitution vicieuse n'intéresse point les grandes puissances qui y sont liées, n'étant

tant favorable qu'aux petits membres de cette association.

Mais est-il de la bonne politique de la détruire sur la proposition magistrale et d'après les plans d'une nation conquérante, qui sème autour d'elle la démocratie et la désorganisation ? Cette aggrégation féodale n'est-elle pas l'égide de la royauté, ce partage arrangé par la force, ce changement involontaire de souverains, n'agiteront-ils pas les peuples, cédés, troqués, vendus comme des troupeaux ? L'esprit révolutionnaire, la connoissance des droits de l'homme, le désir de l'égalité ne produiront-ils pas une commotion dangereuse, au milieu de cette révolution topographique sur laquelle les peuples ne sont pas consultés ? Ne voit-on pas déja cette agitation très-naturelle se propager dans les états de Baden, de Darmstadt, dans la Forêt-Noire ? L'exemple de la révolution subite de la Suisse, n'est-il pas fait pour hâter les progrès de cet incendie ?

Le roi de Prusse se peut-il flatter d'avoir des moyens assurés pour empêcher la propagation du même esprit dans ses propres états ? Ne doit-il pas plus craindre l'extension de la démocratie, que désirer l'augmentation de territoire ? Ne voit-il pas que la chute du corps germanique, est le résultat d'un combat à mort de la démocratie contre la féodalité, et que celle-ci détruite, il n'y a plus qu'un pas à faire pour l'extinction de la Monarchie ? Ne peut-il pas prévoir que cette démocratie triomphante, appuyée par une nation impétueuse, qui tous les ans consacre, par l'anniversaire d'une tache nationale, le terrible serment de la haîne des rois, profitera du trouble de cet injuste partage de l'Allemagne pour anéantir la royauté, pour établir par-tout le gouvernement représentatif et municipal ?

Mais si le roi de Prusse n'accède pas au premier article proposé par les négociateurs français à Rastadt, de céder à la France toute la rive gauche du Rhin, que préliminairement elle vient d'incorporer et municipaliser, article qui entraîne le partage de l'Allemagne et la destruction de la constitution germanique, il sera obligé d'entrer en guerre avec les français. Qui en doute ? qui doute que le roi de Prusse ne soit dans ce moment entre deux grands dangers ? Il doit consulter ses forces, son courage et ses principes. Le sort de l'Europe dépend de sa décision.

Nous n'avons pas à raisonner sur l'hypothèse de son refus et de la guerre qui en seroit le résultat, parce que rien jusqu'à présent ne paroît annoncer cet événement. Supposons donc que, forcé de céder aux circonstances, il consente au démembrement de l'Allemagne et à la cession de la rive gauche du Rhin à la république française; en ce cas il sera amplement dédommagé. Ses états augmentés d'un tiers de la Pologne, et arrondis du côté de l'Allemagne, seront plus concentrés, et auront en apparence plus de force réelle.

Il continuera à être le protecteur du nord de l'Allemagne, au moins jusqu'au Weser. Il aura de grands intérêts et une grande influence sur le centre de l'Allemagne par l'arrondissement ajouté à ses états d'Anspach, (s'il ne les échange pas contre d'autres possessions pour former l'indemnité de la maison des Deux-Ponts ou de celle d'Orange). Vraisemblablement il lui restera peu de points de contact avec la république française, par conséquent peu d'objets de contestation avec elle.

Ses ennemis naturels seront la Russie pour la Pologne, et sur-tout l'Autriche. L'inimitié entre la Prusse et l'Autriche sera toujours implacable, de cour à cour, de peuple à peuple; elle est malheureusement fondée sur des torts réciproques, sur d'anciennes guerres, sur des jalousies nationales et sur des défections, quand la politique les a alliées contre un ennemi commun. Les offenses sont graves, les ressentimens sont profonds; les français en ont profité et en profiteront encore.

Mais le plus terrible ennemi du roi de Prusse, celui qui fera des progrès encore plus rapides par la paix que par la guerre, celui qui ne se repose jamais, qui agit toujours, c'est la démocratie. Ni les trésors, ni les armées ne peuvent lui servir de barrière; il épuise les uns, il séduit les autres, il environne et pénètre par-tout les états prussiens; il assiège son trône, il en sappe les fondemens; et ce roi ne peut éviter d'être enséveli sous ses ruines, qu'en se retirant sous une tente, et en changeant son rôle de souverain pour celui de héros. Lui seul peut rendre le courage à la nation germanique avilie, lui seul peut ramener l'opinion égarée sur la dignité royale, en montrant un homme-roi.

S'il prend ce parti sans perdre de tems, il peut encore sauver les suisses, la Souabe, la Franconie des agitations démocratiques qui s'y sont introduites; il ralliera autour de lui la Russie, les puissances du Nord, toute l'Allemagne, et cette maison d'Autriche elle-même, qui n'a abandonné la cause publique, que par épuisement, et après avoir été abandonnée elle-même lâchement. Il sauvera l'Angleterre; enfin il sauvera l'Europe, les loix, la morale publique, la royauté et lui-même, sinon il sera une des premières victimes de la révolution démocratique, et il aura été l'artisan de son propre malheur.

Le salut de la Prusse et de son roi, réside dans une guerre générale contre la France, ou dans une paix universelle, qui stipule les intérêts fixes des quinze puissances présentées rapidement dans ce tableau spéculatif. Cette paix ne peut être amenée que par les apprêts les plus sérieux d'une guerre générale, ou si la menace n'en suffit pas, elle en sera le résultat. Une fausse prudence a déjà donné le tems de révolutionner la Suisse, d'où le torrent démocratique va déborder sur l'Allemagne.

CHAPITRE III.

L'Empire Germanique.

RIEN ne peint mieux ce corps politique, que les premiers vers de l'art poétique d'Horace. Un droit public incohérent, aussi volumineux que les fractions de souverainetés sont multipliées, appuyoit cet édifice gothique, dont l'architecture ne pouvoit pas soutenir le coup d'œil de la raison. Son antiquité, le peu d'activité des peuples voisins, la foiblesse et l'inertie de ses différens états, le contre-poids que la maison de Brandebourg avoit établi pour empêcher la maison d'Autriche de tout envahir, ou pour partager également avec elle; la lutte égale de deux sectes chrétiennes qui divisent à-peu-près également l'Allemagne, assuroient l'existence de la constitution germanique, dont les divers souverains se trouvoient rangés sous les bannières de l'Autriche et de la Prusse. Des guerres politiques agitoient périodiquement cette contrée, pour des intérêts de cour et de famille; car ceux des peuples n'entroient pour rien ni dans ces guerres, ni dans les traités de paix qui les terminoient.

Il existoit si peu d'esprit public et de patriotisme dans cet assemblage informe, que lorsqu'une puissance étrangère étoit en guerre avec l'Empire, c'étoit dans l'Empire même qu'elle trouvoit les alliés les plus actifs et les troupes auxiliaires les plus nombreuses. L'Allemagne est une pépinière de soldats. Les deux souverains qui sont à la tête du corps germanique, entretiennent des armées disproportionnées à la population de leurs états et à leur richesse numéraire. Les petits souverains se vendent, ou vendent leurs sujets à ces deux grandes puissances ou aux puissances étrangères; mais lorsqu'il s'agit de réunir la nation la plus belliqueuse de l'Europe pour la défense de ses foyers et de sa constitution, on est sûr de ne pouvoir donner aucun ensemble à ce corps divisé par des intérêts opposés, par des jalousies et des haînes de peuple à peuple.

La révolution française a dévoilé le secret de la foiblesse du corps germanique; ses membres se sont mal coalisés, ont mal concerté leurs opérations, se sont mutuellement abandonnés, dès que l'intérêt particulier bien ou mal entendu, s'est trouvé en opposition avec l'intérêt général. Les armées françaises ont envahi toute la rive gauche du Rhin, ont porté dans le centre de l'Empire la desolation et le ravage, et y ont laissé derrière elles la honte chez les souverains, et l'esprit révolutionnaire chez les peuples.

Toute l'Allemagne a déposé les armes et demandé humblement la paix. Un congrès qui éternisera la honte du corps germanique, et qui sanctionnera sa destruction, est assemblé à Rastadt; les armées allemandes, en conséquence d'une suspension d'armes, se sont retirées à plus de trente lieues du Rhin, pendant que les français occupent la Vétéravie, parcourent la Westphalie, mettent à contribution les pays neutralisés par l'armistice dont ils ne conviennent pas, environnent ce malheureux congrès, se sont emparés de Mayence, de Manheim, de l'évêché de Basle, et menacent de se porter à de plus grandes violences, si les plénipotentiaires de l'Empire, occupés depuis plus d'un mois à disputer entr'eux sur des formalités, ne se pressent pas de prendre pour base des négociations, la cession à la France de la rive gauche du Rhin ; condition qui entraîne le partage des souverainetés de l'Empire, à titre d'indemnité.

Tout le monde a trouvé que cette indemnité étoit facile, en détruisant les souverainetés ecclésiastiques, et en partageant leurs états entre les princes laïcs susceptibles d'indemnités. C'est le dernier coup porté à la religion catholique, et il est porté par la maison d'Autriche.... Comme ce gouvernement de la terre n'est pas un droit divin, il étoit tout simple que cette théocratie fût anéantie à la fin d'un siècle philosophique, qui a porté son audace beaucoup plus loin ; mais il est singulier que pour remédier aux pertes occasionnées par la révolution française, on imite l'exemple de cette révolution en dépouillant le clergé.

Une seconde espèce de membres de l'Empire, dont l'existence étoit miraculeuse au milieu de ce cahos féodal, ce sont les villes libres, impériales ou anséatiques, au nombre de cinquante-une. Rien n'honore plus la modération du caractère allemand, que la tranquillité dont elles jouissoient au travers des guerres d'ambition qui ont si souvent dévasté l'Allemagne. On doit admirer que la féodalité n'ait pas asservi ces petites républiques, ou qu'aucune d'elles ne se soit élevée sur les débris de la féodalité. Il étoit réservé à cette époque métaphysique, en prêchant les droits de l'homme, de renverser les institutions, fondées sur la liberté et sur le droit de propriété le plus sacré. Leur intérêt ne touchera personne, ce ne sont que des peuples.

Ce seront là vraisemblablement les secondes victimes du système de partage, et chacune d'elles ira se fondre dans les possessions d'une des grandes puissances, à indemniser selon sa convenance. On peut prévoir que ce sera une mauvaise acquisition que celle des villes désespérées d'avoir perdu leur liberté. Les plus grandes, les plus riches, seront les plus difficiles à plier sous le joug. Non-seulement elles conserveront, mais elles propageront l'esprit de liberté et d'indépendance, dont le génie révolutionnaire se servira pour renverser les trônes.

Laissons-là la constitution germanique, les états ecclésiastiques, les villes libres, qui vont être anéantis par la paix de Rastadt, si elle a lieu. Le titre d'empereur ne sera plus qu'une vaine dignité, et tombera même en désuétude. L'Allemagne se trouvera partagée en sept maisons souveraines; Autriche, Prusse, Hesse, Saxe, Palatine, Wurtemberg et Brunswick. Chacune de ces sept planètes sera environnée de plus ou moins de satellites qui sembleroient destinés à venir à la longue se fondre dans leur planète respective pour l'alimenter.

Chacun de ces sept souverains se trouvera un peu plus fort qu'il n'étoit; mais comme il y aura plus d'objets de discorde; comme il n'y aura plus de point de réunion; comme la diète de l'Empire, qui étoit une espèce de tribunal des amphictions, n'existera plus ou sera méprisée; comme le droit public de l'Allemagne, entièrement violé par la paix de Rastadt, n'arrêtera plus l'ambition particulière, les guerres se succéderont plus rapidement. Elles seront suscitées et alimentées par la politique française.

L'Allemagne sera plus éloignée que jamais de former un corps solide, et les allemands de former une nation. Cette contrée redeviendra le théâtre de l'ambition et du fanatisme politique. Les souverains, placés sur les frontières de la république française, seront ses alliés, comme les rois de Pergame et de Bithynie l'étoient des romains, comme le roi de Sardaigne et la république batave le sont des français ; on emploiera leurs troupes contre les autres souverains de l'Allemagne, comme les espagnols et les piémontais, contre l'Angleterre et l'Autriche.

Voilà pour l'Allemagne l'hypothèse la plus favorable des conséquences funestes de la paix que l'on propose de faire à Rastadt; mais un autre résultat bien plus probable commence à percer. Le génie révolutionnaire rompra, peut-être incessamment, tous les arrangemens de la politique française. Les peuples de l'Allemagne refuseront d'accéder à un système de partage. Menacés de changer de souverains sans avoir été consultés, ils préfèreront la liberté et sur-tout la démocratie, à l'exemple de ce peuple triomphant qui décide si impérieusement de leur sort; le secret est tout trouvé. Les gardes nationales, les municipalités, le gouvernement représentatif, le pillage des biens du clergé, l'expulsion des nobles, le tout fondé sur l'égalité bien ou mal entendue ; il ne faut qu'un tour de main, et quelques démagogues hardis pour révolutionner une province en un clin-d'œil.

Il existe à présent une propagande révolutionnaire très-active et plus expérimentée qu'autrefois. Les différens foyers sont en Italie, en Suisse, tout le long du Rhin et dans toutes les capitales. La paix va lui offrir de nouveaux débouchés ; elle va s'assurer des places d'armes dans le centre même de l'Allemagne. Hambourg dans le Nord, Francfort et Ausbourg seront les écoles révolutionnaires d'où les essaims de missionnaires se répandront rapidement autour des souverains de l'Allemagne qui, pour avoir détruit eux-mêmes leur constitution foible, mais imposante, avec autant de pusillanimité que d'injustice, seront facilement renversés par leurs propres sujets. La proclamation de l'ambassadeur Mengaud aux suisses, annonce que les français s'engageoient sur-le-champ à soutenir tous les peuples qui réclameront leur appui pour conquérir la liberté démocratique. Que deviendra alors l'Allemagne? On voit ce que commence à être l'Italie.

Quel remède à ces maux menaçans? La rupture des conférences honteuses de Rastadt; une guerre nationale, de l'union et un HOMME-ROI, qui relève l'aigle germanique, sans autre ambition que de sauver sa patrie, ou bien la paix universelle de l'Europe, prévenant cette guerre, ou la terminant.

CHAPITRE IV.

La Suisse.

LA Suisse est le boulevard et la clef de l'Allemagne. Son système fédéral, la variété de ses différens gouvernemens, la petitesse de ses différens états, neutralisoient la force de cette nation belliqueuse, qui ayant perdu par les révolutions de la France, de la Hollande, de Venise, de Gênes, un débouché lucratif pour trente mille de ses guerriers, se trouve un excédent de jeunesse très-dangereux.

Tant que le gouvernement français a laissé les suisses en paix, ils n'ont point ressenti cette surcharge, parce que les dépenses des émigrés et les fournitures et les livraisons aux armées, ont répandu dans le pays un très-gros numéraire, et ont tourné toute l'activité nationale vers le lucre et les opérations mercantiles. Mais tout est bien changé. La propagande révolutionnaire travaille les esprits depuis six ans. Les succès de Bonaparte et ses menaces ont porté l'effroi chez les gouvernans. L'aristocratie est tremblante; la démocratie s'agite et veut sortir de l'état de dépression où elle a été tenue jusqu'à présent avec assez d'injustice. Tout le monde connoît le despotisme qu'exerçoit Fribourg sur les gruyeriens, Berne sur le pays de Vaud, l'abbaye de Saint-Gall et le canton de Zurich sur leurs paysans, les grisons sur la Valteline, etc.

Le gouvernement français a commencé par arracher Porentruy à l'évêque de Basle. Les suisses n'ont rien dit. Dès-lors, on a prédit la chute du gouvernement bernois.

Ensuite, les français ont révolutionné Genève, au point d'en faire un faubourg Saint-Antoine. Même silence des suisses. Alors on a prédit que Genève *seroit le point par où la monarchie rentreroit en France, ou bien l'anarchie se répandroit en Suisse.*

Depuis, la Valteline s'est soulevée contre ses grossiers souverains. Même silence des cantons.

Enfin, le gouvernement français qui voit l'Allemagne à ses genoux, juge que la *poire est mûre*, et négligeant les démarches lentes et une conduite méthodique, il prend à-la-fois le reste de l'évêché de Basle, il prend

sous

sous sa protection le pays de Vaud qu'il révolutionne, et il demande aux suisses de l'argent, en même tems qu'il sème le trouble et l'esprit d'innovation et d'anarchie dans les principaux cantons.

Les voilà poussés à bout et menacés. Qu'en résultera-t-il ? Ou ils prendront les armes pour se garantir d'une révolution démocratique ; alors ils seront cernés et attaqués, Soleure et Fribourg par l'évêché de Basle, Berne par le pays de Vaud, pendant que les gallo-cisalpins arriveront par les lacs de Wallenstadt et Zurich, et qu'une autre colonne débouchera sur le centre du canton de Berne, par le mont Saint-Gothard. C'est l'affaire d'une campagne de six semaines, si les suisses, réduits à eux-mêmes, ne peuvent espérer d'aucune puissance ni diversion ni secours. Alors la Suisse sera ruinée, anarchisée, ou bien les suisses, sentant leur foiblesse, et désunis entre eux, obéiront à tout ce qu'exigera le directoire. Alors, ils se dépouilleront de tout le numéraire qu'ils ont amassé avec plus d'avidité que de prévoyance, au travers de toutes les calamités de la France. Alors toute aristocratie sera bannie de leurs gouvernemens. Le pays de Vaud sera libre, ou comme petite république, ou réunie à Genève, ou incorporée à la France, parce qu'il parle français. Peut-être même le directoire français poussera-t-il l'extension d'incorporation jusqu'à Fribourg et à Berne, et donnera-t-il à sa grande république, de ce côté, la Kandell et l'Aar pour limites. Supposons même qu'on se contente de s'assurer du pays de Vaud, soit comme république séparée, soit comme département français, la France ne tiendra pas moins sous sa dépendance la Suisse entière démocratisée, par conséquent propre à tout ce qu'elle en voudra faire par la suite.

En démocratisant et ruinant les suisses, le directoire français leur rendra leur activité et leur énergie militaire; il se donnera une avant-garde très-belliqueuse pour son projet, toujours suivi avec constance, de révolutionnement de tous les peuples, et d'extinction de toute souveraineté autre que la populaire. La Suisse n'est plus ce pays sauvage, hérissé de montagnes impraticables, où une poignée de paysans pouvoit arrêter une grande armée. Les victoires gigantesques des suisses tiennent à la topographie autant qu'à la valeur de ces héros agrestes. Les suisses ne sont plus les mêmes hommes ; leur pays n'est plus le même ; leurs montagnes cultivées sont garnies de villages riches, à l'exception de quelques glaciers ; des grandes routes comme celles de France, procurent des communications faciles avec leurs principales villes, et ouvrent le pays en tous sens, des frontières jusqu'à son centre. L'artillerie la plus grosse peut rouler par-tout ; il n'y a pas un défilé ou bois, depuis la superbe route de Genève jusqu'à Schaffhausen, de cette croisière à Zurich, de Zurich à Constance. Ainsi, dans la première guerre que les français auront avec cette maison d'Autriche, que la crainte des dangers présens aveugle sur de plus grands dangers futurs, les français partiront de la Suisse, devenue leurs places d'armes, au lieu de partir des bords du Rhin, déboucheront par Schaffhausen et Constance, et les gallo-cisalpins par le Tirol et le Frioul, et les premiers incorporeront avec eux une infanterie nombreuse et excellente de suisses, chassés de leur pays par la misère, et électrisés par la démocratie, ennemis des rois et amateurs de nouveautés.

Voilà certainement le résultat de la querelle des suisses, puisque l'Allemagne effrayée, presque abrutie par l'égoïsme, les abandonne à leur sort, et ne prévoit pas que la Suisse, telle qu'elle est, est l'égide de l'Allemagne, diminuée d'un tiers, et menacée révolutionnairement dans tous ses points de contact avec la France. Voilà certainement le plus grand plan du directoire français dans la querelle qu'il cherche aux suisses. Ceci n'est pas une probabilité, point une hypothèse, c'est une série de conduite et de faits sous les yeux de toute l'Europe; et l'indiscrétion démocratique, sur-tout celle des français, ne laisse aucun doute à cet égard.

Il paroît, d'après le serment de la ligue helvétique, renouvelé le 25 janvier, que les suisses connoissent les dangers de leur situation, et qu'ils désireroient s'y soustraire, sans lézer leur honneur et leur liberté.

Basle seul a rompu son alliance, et a très-mal fait; car à présent, cette petite république ne tient plus à aucun corps politique, et sa position locale à la rive gauche du Rhin, lui annonce qu'elle doit être infailliblement incorporée dans la république française, comme celle de Mulhausen. Genève doit s'attendre au même sort, et doit entraîner le pays de Vaud.

Mais la république de Basle, en commettant cette faute qui doit l'anéantir, a donné aux autres cantons de la Suisse un très-bon exemple, en admettant aux droits de citoyens ses sujets de la campagne, et en rétablissant l'égalité légale, la seule base solide de tout gouvernement républicain, et même de toute monarchie bien constituée. Rien n'est plus contradictoire avec l'existence républicaine, que l'aristocratie de plusieurs cantons, et la sujétion dure dans laquelle presque tous tiennent un certain nombre de bailliages, qu'ils ont acquis en différens tems, par le droit des armes, et qu'ils ont toujours refusé de faire participer au droit de cité, pour lequel eux-mêmes ont si vaillamment combattu.

Si les cantons qui sont dans ce cas, ont la sagesse de suivre l'exemple de Basle, en le modifiant, ils fermeront la porte au démon révolutionnaire qui les agite, ils augmenteront leur force réelle, en se donnant plus de citoyens, en se formant une constitution plus simple, plus juste, plus dans la nature. Ils inspireront la confiance et le respect à tous leurs voisins, et ils redeviendront le boulevard de la liberté, et sur-tout la digue de l'ambition. Ils seront alors, en se tenant bien ensemble, les arbitres du sort de l'Allemagne, et le point de ralliement des opprimés.

Cette mesure de réforme ne doit et ne peut être prise dans la diète générale ; elle entraîneroit des débats et des dangers. Chaque canton doit avoir le bon esprit de l'exécuter de lui-même, *proprio motu*, avec bonne foi et vigueur. Les réclamations des bailliages en servitude, sont justes ; leur opposition à la loi du plus fort, est naturelle. Si les cantons veulent s'entêter, les sujets trouveront des secours extérieurs. La Suisse sera envahie par la France, et déchirée par une guerre civile. Le peuple jusqu'à présent le plus sage de l'Europe, doit être aussi le plus vraiment libre ; son sort est entre ses mains ; il a à choisir entre la liberté la plus constitutionnellement républicaine et l'anarchie, et il n'a pas un instant à perdre.

Le danger de la Suisse est imminent ; elle peut y opposer efficacement la constance au-dehors, la sagesse au-dedans. Elle peut détourner la révolution par une prudente réforme et une union inaltérable de la nation entière. Ce qui se passe à Rastadt, doit influer sur le sort des suisses, *et vice versâ*. La fermeté helvétique peut ranimer le courage des allemands ; la vigueur des allemands renouvelée, peut soutenir la fermeté helvétique.

Depuis le 25 janvier, époque de la conclusion de ce chapitre, la Suisse est démocratisée avec les circonstances les plus funestes. Si par cette révolution subite, elle se réunit en un seul corps de nation, si elle y gagne l'extinction d'une fédéralité toujours foible et toujours désunie, si elle a la sagesse de ne pas se laisser démembrer, et de rester indépendante, il n'y a que demi-mal. Mais il est bien plus à croire que les français y garderont plus que de l'influence, et que la démocratie violente des suisses entraînera celle de l'Allemagne, à moins que par une guerre générale contre les français, à laquelle les suisses, vexés et pillés par les instituteurs, peuvent prendre part, les événemens ne deviennent assez favorables pour qu'il en résulte une paix universelle, dans laquelle le sort des suisses soit décidé avec sagesse.

CHAPITRE V.

L'Italie.

Le génie des révolutions avoit cessé d'agiter l'Italie depuis que Charles V avoit achevé d'y détruire la liberté. La maison d'Autriche et celle de Bourbon, après de longues et sanglantes guerres, s'étoient partagé cette délicieuse contrée, à l'exception de trois ou quatre foibles républiques, d'un royaume formé pour la maison de Savoie, par de grandes alliances, par sa position intermédiaire, par la versatilité de sa politique et par les *circonstances;* expression vague qui définit parfaitement les décrets de la fatalité, parce que personne ne peut ni les diriger, ni s'y soustraire; enfin d'un état théocratique, trop foible pour se soutenir comme puissance temporelle, trop usé comme puissance spirituelle.

Cette division bizarre de l'Italie composoit deux royaumes, Sardaigne et Naples; quatre républiques, Venise, Gênes, Lucques et Saint-Marin, (car cette dernière est aussi un petit état libre.) Trois duchés, Milan appartenant à l'empereur, Modène dont il avoit l'expectative, et Parme appartenant à une branche de la maison de Bourbon. *Un grand duché*, (1) la Toscane appartenant à la maison d'Autriche, et enfin l'Etat Ecclésiastique.

Ces onze souverainetés, très-inégales et très-différentes entre elles, étoient régies par des loix et des formes très-opposées. Aucune nation n'a plus écrit sur le gouvernement et sur l'économie politique, que l'italienne; aucune ne s'est plus abandonnée au hasard ou à l'arbitraire de ses gouvernans sur la manière d'être régie.

L'italien a pour caractère général la réflexion profonde, la réserve sa compagne inséparable, et la paresse qui tient à l'excellence du climat et à la facilité des productions d'une terre qu'on peut regarder comme le paradis terrestre de l'Europe, qui fournit presque spontanément à l'homme tous ses besoins

---

(1) La vanité a trouvé moyen de mettre des distinctions même parmi les dignités de même genre. On connoît le titre ridicule de l'évêque de Liege, *sa celcitude;* personne ne le comprenoit; mais enfin c'étoit une distinction.

avec peu de travail et même tout le luxe des productions de la nature.

A la liberté près, les italiens jouissoient de tout, les peuples y étoient, plus formellement qu'ailleurs, partagés en trois classes, celle des nobles qui ne faisoit rien, s'ennuyoit au milieu de ses frivoles plaisirs, de son luxe brillant et mesquin, de ses étiquettes et de ses titres; celle des bourgeois qui exerçoit servilement les arts méchaniques, et qui s'humilioit devant cette noblesse sans pouvoir, dont elle se moquoit; celle des cultivateurs qui seuls étoient relevés jusqu'à la dignité d'hommes presque libres, quoique l'objet de la raillerie et du dédain des *citadins*, à cause de leur grossière simplicité, et en bute à la tyrannie des nobles leurs seigneurs, dont ils se vengeoient en les payant mal, et gardant pour eux-mêmes le meilleur de leurs productions. Dès qu'un citadin avoit acquis quelque aisance par l'industrie et le commerce, un cultivateur par son travail ou par la ruine de son seigneur, il cherchoit à sortir de sa classe, et comme les pauvres petits souverains de l'Italie étoient toujours aux expédiens, il achetoit la noblesse, et dès-lors il ne faisoit plus rien.

Avec un pareil caractère, avec une oisiveté devenue habitude, l'esprit révolutionnaire ne pouvoit pas prendre naissance en Italie ; toute idée de majesté du peuple étoit totalement effacée ou brisée, et contrariée par la division bizarre de ces petites souverainetés ; mais nulle contrée n'étoit plus propre à ressaisir et propager cette idée, parce que nulle part le peuple n'avoit été jadis plus majestueux ; il ne falloit que le tirer de son long sommeil, et reproduire à ses yeux son antique état.

Tant que la révolution française n'avoit pas franchi les Alpes, les italiens, qui lisoient peu de papiers publics, d'ailleurs tous partiaux et infidèles, qui ne se rassembloient point en sociétés politiques, parce qu'elles étoient prohibées par les gouvernemens, regardoient les français comme des frénétiques, que les majestés impériales et royales anéantiroient bientôt. La réserve et la nonchalance des italiens acquéroient de nouvelles forces ; habitués à leurs jouissances et à leur servitude, ils se tenoient en garde contre cette épidémie qui pouvoit troubler leur tranquillité.

Mais depuis qu'ils ont vu le roi de Prusse

forcé à faire la paix avec la république française, le landgrave de Hesse, ensuite la Saxe, la Souabe se détacher de la ligue germanique; l'Espagne sacrifier la vengeance du chef de sa maison et les intérêts de cette branche infortunée, pour se lier avec la France contre l'Angleterre; le défenseur des Alpes réduit à recevoir la loi du vainqueur, la Hollande conquise et révolutionnée, les autrichiens ne faire oublier leurs défaites que par des déroutes, les armées impériales chassées du Milanès avec facilité, tous les triomphes s'accumuler sur un peuple dont ils avoient eu jusqu'alors une idée assez médiocre, alors le caractère réfléchi des italiens les a portés nécessairement à mettre sur le compte de la liberté cette exaltation d'énergie qui rend invincible la nation qu'elle enflamme : de cette réflexion au réveil de l'ambition populaire, il n'y a qu'un pas.

Une circonstance hâtoit encore la marche du génie révolutionnaire en Italie; c'est que l'invasion des français enlevoit la tranquillité, l'oisiveté et les jouissances. Quelque modération qu'eussent voulu employer les vainqueurs, la nécessité de nourrir et d'entretenir plus de cent mille hommes, forçoit à un travail pénible ce peuple sobre et paresseux, par conséquent avare, qui aimoit mieux se contenter de peu que de travailler. Il falloit partager les fruits de la terre avec des vainqueurs affamés et avides de pillages, qui arrivoient dans cette contrée, nuds et mourans de faim, comme les gaulois leurs ancêtres. Il falloit leur payer des contributions excessives; ils diminuoient leurs charges en sacrifiant les souverains, les nobles, le clergé et les fantômes de gouvernement qui les défendoient si mal contre l'invasion.

Qu'est-il arrivé ? la réflexion a ramené les italiens à leur ancienne majesté populaire ; les prédications et l'exemple des français, les privations, les besoins ont hâté cette révolution morale ; l'italien est spirituel, courageux et entreprenant ; l'oisiveté enveloppoit ses qualités ; le poignard de la misère a déchiré cette enveloppe. La maison de Bourbon et les allemands n'ont pas été en état de contenir cette explosion révolutionnaire, leur verge de fer est brisée ; et les français, qui remplacent actuellement en Italie les autres ultramontains, ont un talent particulier pour inoculer leurs principes, c'est d'arriver à la liberté par la licence. Les italiens n'ont pas beaucoup redouté les français qu'ils ont regardé tout au plus comme un fléau passager, peut-être même comme un orage bienfaisant, puisqu'ils les délivroient du joug des *barbares*. Peut-être ont-ils cru que les vainqueurs ne pourroient avoir la prétention ni de s'établir dans leur contrée, ni de les asservir. S'ils ont lieu de reconnoître qu'ils se sont trompés, ils deviendront des ennemis implacables.

Déja depuis 89, on a pu reconnoître *l'ascétisme* de la liberté parmi les oisifs des couvens et des villes. Des nobles, des moines, des prêtres, des avocats, des médecins ont répandu dans toute l'Italie des écrits révolutionnaires, et ont formé des conjurations toujours découvertes, assoupies, punies et toujours renaissantes; le Piémont, Gênes, Rome et Naples ont été les états les plus agités par ces mouvemens. Venise en a été exempte, grâces à son inquisition d'état et à quelques punitions secrètes; la Toscane s'en est garantie par la précaution qu'a prise son gouvernement de se donner le masque de l'approbation de tous les excès du jacobinisme francais.

Un obstacle qu'aura à surmonter le génie

révolutionnaire français, quand l'Italie en sera parfaitement imbue, c'est celui du clergé. Si l'encensoir reste confondu avec la divinité, les agens du culte avec la religion, celle-ci sera entraînée par la chute de ses ministres comme en France ; si les prêtres, ce qu'on ne peut pas espérer, éclairé par l'exemple terrible du clergé français, ont la sagesse de séparer le spirituel du temporel, la religion subsistera et ne fera qu'affermir la révolution même en la modérant.

Un second obstacle (c'est la division de l'Italie en petites souverainetés) empêche que les italiens ne se constituent de long-tems en une nation, parce qu'ils forment trop de petits peuples. Cette division prive l'Italie d'un centre ou point de réunion, et peut faire dégénérer la révolution de cette contrée en un cahos de petites puissances, les unes républicaines, les autres *princiaires*, qui se déchireront presque continuellement, comme pendant les sept ou huit siècles sanglans qui se sont succédés entre la chute de l'empire d'Occident et Charles V.

Ce cahos et le déchirement de guerres civiles qui en résultera, formeront la première époque révolutionnaire de cette contrée, et ne peuvent cesser que lorsqu'un ou plusieurs peuples de cette contrée auront pris assez de consistance pour former un point de réunion fédérative, plus solide que le corps germanique, la confération helvétique ou celle des Provinces-Unies, qui sont des fedérations trop foibles pour résister à l'ambition plus active d'une ou de plusieurs de ses parties, ou au choc d'une force extérieure.

Quant à la réunion de tous ces peuples pour former une seule nation italienne, semblable à la république romaine ou celle de France, elle ne pourroit s'opérer que par une conquête à l'instar de la première. C'est une chimère qui ne peut pas se tenter. La république française ne le permettroit pas pour son propre intérêt : on ne peut donc appercevoir par le calcul des probabilités, qu'une réunion fédérative des différens peuples de l'Italie ; pour cela il faut les examiner séparément.

République Cisalpine.

Il faut commencer cet examen par la république cisalpine, par égard pour la primogéniture. Cette république est essentiellement composée

composée du duché de Milan, le reste de son territoire est formé de l'association du duc de Modène et des provinces de la république de Venise et des Etats du pape.

Aucune province de l'Italie n'étoit aussi riche et aussi fertile que la Lombardie ; la nature alloit au devant des vœux de l'habitant, et diminuoit son travail. Aussi ce peuple étoit-il, de toute l'Italie, celui qui jouissoit le plus d'une vie oisive et insouciante, sans s'embarrasser qui le gouvernoit. A l'abri de ces subtils raisonnemens, sur la liberté et sur l'économie politique, qui troublent le repos des peuples, sans leur procurer le bonheur, le lombard ne paroissoit point du tout avoir les inclinations républicaines.

Le Milanès avoit toujours été le théâtre de la guerre et de la tyrannie ; tous les ducs particuliers, la maison d'Autriche et de France, se l'étoient disputé long-tems. Le sang des armées étrangères avoit toujours engraissé les terres de la Lombardie ; mais enfin depuis 1748, et sur-tout depuis le traité de Versailles, de 1756, qui avoit fait cesser les querelles entre les deux maisons, la Lombardie avoit joui des douceurs de la paix, ce qui lui avoit rendu supportable le joug autrichien, malgré l'incompatibilité nationale qui étoit infiniment diminuée. La cour de Vienne gouvernoit la Lombardie avec beaucoup de douceur, elle avoit la sagesse d'employer beaucoup de troupes milanaises dans ses armées, elle avoit ouvert à la noblesse de ce duché la porte de l'ambition et des honneurs, et elle en avoit tiré d'excellens officiers et même plusieurs généraux célèbres. La police étoit sévère dans le Milanès, ainsi que dans tous les états de la maison d'Autriche, sur-tout en ce qui regardoit la librairie; ainsi la liberté de penser y étoit très-bornée, et l'esprit novateur y avoit fait peu de progrès avant l'arrivée des français.

Le peuple lombard, par la longue habitude du joug, par la gêne d'un gouvernement retréci, par la communication continuelle avec les différentes nations réunies sous la domination de la maison d'Autriche, par les avantages que procuroit à sa noblesse la carrière des armes chez une puissance guerrière et vaine, avoit presque perdu le caractère national italien pour devenir autrichien; tous les préjugés y étoient enracinés, celui de la noblesse y étoit soutenu par un tribunal héraldique institué en 1770, destiné à recevoir les preuves de noblesse et à veiller sur l'observation des loix qui regardent l'ordre des nobles. Le gouvernement étoit militaire, c'étoit un conseil de guerre qui avoit l'inspection des affaires qui regardoient le bien de la ville.

Nulle province de l'Italie ne paroissoit moins propre à l'implantation du génie révolutionnaire, nul peuple de cette contrée n'étoit plus éloigné d'adopter les idées de liberté et d'égalité, nul n'avoit moins besoin d'un changement de constitution, et n'étoit moins en état de se la donner. Nulle part l'esprit philosophique n'avoit fait moins de progrès.

Quiconque avoit vu superficiellement la France avant l'époque de 89, a pu penser que les dispositions révolutionnaires n'y étoient pas plus naturelles qu'en Lombardie; mais il y avoit bien de la différence, malgré les précautions syndicales sur la liberté de penser. Depuis un demi-siècle, Voltaire, Rousseau, Freret, Helvétius, les encyclopédistes, les économistes attaquoient sans relâche les préjugés de toute espèce et même les principes les plus utiles, et minoient le gouvernement qui étoit foible et sans dignité; il étoit sans prévoyance; la dissipation des finances l'avoit jetté dans les mains de la nation, qui avoit repris violemment ses droits.

Le peuple lombard, au contraire, n'étoit ni éclairé, ni foulé, ni malheureux; il n'étoit nullement préparé à la révolution; et si la fougue française, l'exemple de la licence qui séduit toujours le peuple, parce qu'il la prend pour la jouissance de la liberté, ont pu l'entraîner, d'un autre côté l'indiscrétion, l'incompatibilité d'humeur, l'insolence, l'avarice des vainqueurs auroient ramené les lombards à leur ancien maître, s'il avoit pu seulement conserver Mantoue.

Mais les victoires incroyables de Bonaparte, les défaites réitérées des autrichiens, leur honteux abandon, ont fait triompher la démocratie. La noblesse n'ayant pas de point d'appui, a été écrasée sans résistance, et la république cisalpine existe, et Milan en est la capitale.

Déja cette république entretient une armée, déja elle avance une dette de soixante-trois millions, déja elle montre l'inquiétude des peuples libres, déja elle a besoin de la guerre pour subsister, déja elle a besoin de piller et de s'agrandir.

La fougue démocratique avoit d'abord entraîné les français au delà des bornes de la saine politique en faveur des cisalpins ; mais le directoire français s'est remis en règle sur ses véritables intérêts. Il sembloit naturel que la petite république de Gênes fût réunie à la cisalpine ; c'est la France qui a profité de l'aversion des deux peuples pour assurer leur séparation ; c'est elle qui a décidé que Gênes auroit son gouvernement et sa constitution à part.

Le directoire français a empêché que le Piémont ne se révolutionnât, malgré les soins que les cisalpins s'étoient donnés pour fomenter la révolte. La république française est l'égide du roi de Sardaigne contre la démocratie cisalpine ; elle préfère avec raison pour voisin un roi foible à une république inquiète et ambitieuse, dont les gouvernans parlent déja dans leurs imprudentes déclamations, de relever la république romaine. Tant que les français garderont Mantoue et une force auxiliaire en Italie pour protéger la république cisalpine, ou plutôt pour la contenir, le roi de Sardaigne n'a rien à craindre ; mais si des circonstances font sortir les français d'Italie, ce roi perdra sa couronne, à moins que ces circonstances n'entraînent la destruction de la république cisalpine.

Le duché de Parme, sous la protection de la France, tient en bride l'ambition cisalpine, en lui circonscrivant de ce côté des limites qu'elle est forcée de respecter. Le duc de Parme sera contraint de céder à la république ce qu'il possède au delà du Pô qui lui servira de barrière.

Mais la cession des états de Venise à l'empereur, la démarcation des limites au travers du lac de Guarda et le long de l'Adige, surtout la cession de Legnago, poste avancé qui, en tems de guerre, peut couper la communication de Ferrare, Reggio, Modène et Bologne avec la Lombardie, est le plus grand coup porté par le directoire français à l'ambition des cisalpins.

Le directoire emploie en ce moment l'armée cisalpine contre Rome; mais elle la récompensera comme ses propres soldats, en la faisant participer au pillage, sans lui laisser prendre d'agrandissement de ce côté. En tout, les français semblent avoir dit aux cisalpins : Nous voulons que vous soyez libres, nous vous l'ordonnons ; mais nous vous défendons de vous arroger le droit d'incorporation réservé à la *république mère*.

La sévérité de cette loi diminue beaucoup la reconnoissance des cisalpins, qui s'émanciperont dès qu'ils le pourront, et deviendront un jour les ennemis des fondateurs de leur liberté. En attendant ils chicanent déja tous leurs voisins, le Piémont, Parme et même l'empereur, pour leurs nouvelles limites. Ils ont entamé la guerre pour leur propre compte contre le pape, soit de leur propre mouvement, soit par l'instigation des français; c'est l'approche de leur armée qui a occasionné les mouvemens d'Ancône, de Civita-Vecchia, etc., et qui a produit la catastrophe de Rome. Ils sont les instrumens révolutionnaires en Italie, mais vraisemblablement ce n'est pas pour eux-mêmes qu'ils travailleront, et c'est ce qui augmentera leur profond ressentiment.

Le sort de la république cisalpine est encore précaire, et dépend de ce qui sera conclu à Rastadt. Si la guerre générale a lieu, la France, trop occupée pour elle-même, ne pourra pas leur donner d'assez puissans secours, et ils reprendront de bon gré le joug de l'Autriche, ou seront conquis; alors, le reste de l'Italie sera exempté de la démocratie. Si la paix a lieu, la première guerre des cisalpins sera peut-être contre la France, et sera le fruit de leur inquiète ambition et de leur ressentiment.

SARDAIGNE, PARME, TOSCANE, ROME.

La Sardaigne, Parme et la Toscane, ne peuvent pas former un article intéressant dans cette spéculation : leur souveraineté est précaire, leur sort est humiliant et terrible. Harcelés par la démocratie italienne, protégés durement par la démocratie française, livrés à l'arbitraire des plans les plus extravagans, ils végéteront dans l'incertitude de leur sort, jusqu'à ce que le directoire français ait arrêté un plan général pour la républicanisation de l'Italie, ou qu'une révolution très-possible change le sort de la France démocratique, et par conséquent de ses appendices les républiques batave, lémanique, cisalpine, etc.

Le sort de Rome va être probablement décidé sous peu de tems. L'autorité du pape est expirante, et sera vraisemblablement enterrée avec le pontife octogénaire qui a le malheur de survivre à ses calamités. La chute de la religion romaine en sera la conséquence, et son rétablissement sera difficile, si les circonstances ne changent.

NAPLES.

Le royaume de Naples est mieux composé, mieux situé, plus arrondi que celui de Sardaigne. Il n'a pas, comme lui, des voisins dangereux, ni des occasions perpetuelles de guerre, des passages d'armée inévitables. Il est riche, quoique sa population ne soit pas proportionnée à son étendue. Il a un commerce assez considérable, qui seroit susceptible de plus d'activité. Son gouvernement a toujours été assez mauvais; son peuple est remuant, surtout le sicilien. Les rois de Naples et de Sicile, ont toujours été ambitieux, inquiets ou foibles, et gouvernés par leurs entours, et influencés par la politique extérieure qui, vu leur situation topographique, ne devroit jamais avoir de prise sur eux.

La Sicile est durement exploitée en finances, et très-mal dirigée en culture, en arts, en industrie. Les rois de Naples, ainsi que ceux de Sardaigne, devroient renoncer à la stabilité de résidence, pour partager leur séjour entre Cagliaro et la Sicile; cette dernière, même, mériteroit la préférence, et le monarque seroit plus puissant, plus riche, plus aimé, plus respecté, et moins influencé à Palerme qu'à Naples; il faudroit cependant alterner la résidence entre ces deux villes, pour ne pas perdre l'amour du peuple de la dernière.

Une circonstance très-particulière, c'est que le gouvernement napolitain soit continuellement occupé, depuis 89, à découvrir et éteindre des conspirations toujours renaissantes; que tous les mouvemens révolutionnaires soient excités par des nobles, des prêtres, des légistes, des militaires, et qu'ils n'aient pas pu jusqu'à présent réussir à exciter à la révolte le peuple très-nombreux des *vrais sans-culottes*, connus sous le nom de *lazzaroni*, dont jusqu'à ce jour le dévouement et la fidélité pour leur roi a été à toute épreuve.

Cette classe de peuple a cependant, à diverses époques, exécuté plusieurs révolutions terribles. Elle a constitué pendant quelque tems, Naples en république, ou plutôt en anarchie, sous le despotisme de Mazaniello et de Generro, tyrans aussi absurdes, mais moins cruels et moins éclairés que Marat et Robespierre, par conséquent moins criminels.

Il n'y a pas du tout d'union entre Naples et la Sicile. Le principe très-dangereux de la foiblesse, *divide et impera*, paroît être celui du gouvernement napolitain, qui se trouveroit cependant mieux de l'accord des deux peuples que de leur division. Le napolitain aime naturellement la monarchie; mais comme il a toujours eu des rois étrangers, il n'est que foiblement attaché à chaque dynastie, et il aime le changement.

Le sicilien aime naturellement la république; mais chaque ville, si l'esprit révolutionnaire agitoit cette isle, désireroit former une république comme du tems des carthaginois et des romains. Au reste, les passions de ces deux peuples sont volcaniques comme leur sol, et si des pamphlets, des feuilles périodiques, des clubs, des harangues populaires, y répandoient la fermentation, la révolution seroit prompte et terrible. Ce levain est très-dangereux, s'il agit par lui-même; il pourroit devenir très-utile, employé par le roi.

Le sort du roi de Naples est devenu très-précaire par la catastrophe de Rome; l'armée démocratique est sur ses frontières; la marine française placée à Corfou, le tient en échec.

Il sera forcé de payer à la France des subsides pour se soutenir ; mais cet état incertain ne peut pas durer, si la paix se fait à Rastadt. On lui cherchera querelle, et il perdra bientôt sa couronne, car son existence ne peut pas cadrer avec les projets révolutionnaires de la France sur l'Italie. Si la guerre générale a lieu, il peut être le libérateur de l'Italie, et il n'a pas d'autre parti à prendre pour sa propre sûreté.

GÊNES.

Jamais la constitution de Gênes n'avoit été stable ; jamais ni les particuliers ni l'état, n'avoient été tranquilles ; tantôt appartenant aux empereurs, tantôt aux rois de France, aux ducs de Milan, à des archevèques, à des tyrans particuliers, tantôt aux Fregoses, aux Adornes, aux Doria ; tantôt gouvernés démocratiquement par un plébéien, tantôt aristocratiquement par André Doria, à qui les génois doivent leur liberté, et la forme de gouvernement qui les régissoit encore à l'époque de l'invasion de l'Italie, autrefois commerçans, couvrant les mers de leurs flottes, les désolant par leurs pirateries, plus heureux depuis qu'ils étoient déchus de leur gloire, et devenus tranquilles.

Telle étoit cette république orageuse qui n'a ni revenus, ni troupes de terre, ni forces navales, ni stabilité. Détestée ou peu respectée de ses sujets, elle n'avoit pu ni gouverner, ni conserver, ni conquérir la Corse; elle étoit même fort heureuse d'en être débarrassée.

La révolution française se passoit trop près de Gênes, pour ne pas y occasionner des troubles de la part d'un peuple aussi susceptible de fermentation, et dont l'histoire présentoit, jusqu'à cette époque, la lutte perpétuelle de la démocratie contre l'aristocratie. Le génois ne peut ni garder sa liberté, ni souffrir le joug; ainsi, la révolution qu'il a embrassée, ne peut que lui attirer de nouvelles catastrophes, sans lui procurer de solides avantages.

Tout état commerçant, comme Gênes, Genève, Hambourg, a besoin d'une liberté modérée, d'une constitution simple et stable, qui assure bien forcément le respect des propriétés. Si le gouvernement est trop aristocrate, il écrase le commerce par l'orgueil des rangs et le luxe rongeur; s'il est trop démocratique, le petit peuple jalouse et vexe le commerçant; l'ouvrier fait la loi au manufacturier; le marin à l'armateur, et le commerce et l'industrie fuient devant cette égalité anti-sociale.

Gênes a subi, non pas sans résistance et sans effusion de sang, la révolution démocratique. Bonaparte, en fixant son existence, en agrandissant son territoire, lui a encore donné à son départ de l'Italie, des conseils très-sages et très-*remarquables*.

Si la révolution se complette en Italie, Gênes doit jouer le rôle de la principale puissance navale de l'Italie; et c'est sur mer qu'elle doit fournir son contingent à cette confédération; elle doit créer un jour une marine militaire pour faire respecter ses côtes et protéger son commerce. Si le port de Gênes présente peu de capacité et de sûreté pour un établissement militaire naval, les génois ont dans le golphe de la Spezzia toutes les facilités pour former une marine respectable. Cet établissement seroit d'autant mieux placé dans ce golphe, qu'il vivifieroit la *riviera di Levante*, et que Gênes devant être naturellement toujours une ville de grand commerce, il seroit utile que la marine militaire qui pourroit lui nuire, en fût un peu éloignée.

VENISE.

L'idée de l'antique république de Venise imprime à l'esprit une espèce de respect religieux, comme la vue des anciens monumens. Son histoire enflamme les cœurs susceptibles de patriotisme et d'amour de la gloire et de la liberté; mais sa constitution étant la satyre la plus cruelle du cœur humain, sa base étoit le soupçon, ses supports le machiavélisme, le despotisme et le mystère. Depuis sa dernière époque brillante, la ligue de Cambrai, Venise ne se soutenoit plus que par sa politique astucieuse. Ayant dès-lors désarmé les citoyens, dont il avoit abâtardi le courage, se méfiant des stipendiaires, auxquels il a de tout tems confié sa défense, son gouvernement avoit beaucoup d'autorité, mais il étoit privé de force.

Une pareille constitution pouvoit paroître suffisante et même prudente et sage, tant que la balance de l'Europe, et la tranquillité de l'Italie reposoient sur une politique de cours, dont les agitations pouvoient être arrêtées par la jalousie, la paresse ou l'impuissance. Les mouvemens, les guerres de l'Europe n'étoient que des jeux d'enfans. La constitution vénitienne pouvoit passer pour un chef-d'œuvre, parce qu'elle étoit bien adaptée à la mollesse du siècle, à la foiblesse des institutions sociales; mais elle n'étoit en état d'opposer aucune résistance, ni au torrent des conquêtes, ni au génie révolutionnaire.

Ce gouvernement si sage, tant admiré avoit entièrement manqué de prévoyance; il n'avoit pas calculé que la révolution française, substituant les peuples aux princes, alloit changer tout le système politique, agrandir les intérêts, remplacer le petit jeu des intrigues de cour par l'action vigoureuse de la liberté et de l'énergie. Il auroit dû prévoir, qu'à moins de rendre les mêmes ressorts à son peuple, il seroit ou entraîné ou renversé par ce torrent révolutionnaire. Ce gouvernement étouffoit ou enchaînoit toutes les passions; l'esprit révolutionnaire les exaltoit toutes.

La constitution de Venise avoit de commun avec celle de l'ancienne Rome, qu'elle concentroit tout le pouvoir dans la métropole seule; mais de Rome sortoient des généraux victorieux, des légions invincibles composées de citoyens. Tout le monde étoit astreint au service militaire, qui conduisoit à toutes les dignités de la république. Le droit de cité se communiquoit aux villes et aux habitans des provinces. La plupart des familles sénatoriales étoient étrangères. Il ne falloit pas être né à Rome pour être romain, pour parvenir à tout.

Venise présentoit une métropole d'une étendue médiocre, centre de politique ombrageuse, de despotisme aristocratique et de foiblesse, qui manquoit d'activité, répandoit la tranquillité de l'esclavage dans ses provinces de Terre-Ferme. Les habitans humiliés, mais apathiques, y jouissoient avec uniformité d'un repos ignoble, mais assez doux sous un gouvernement modéré, quoiqu'ombrageux et sévère. Une poignée de soldats mal organisés, sans officiers, sans honneur, sans émulation, sans exercice, sans discipline, sans ensemble, ne présentoient qu'une multitude de sbires, mais non point d'armée. Les places fortes étoient antiques et tomboient en ruines. La marine étoit nulle, et la dernière guerre que la république avoit soutenue contre la petite régence de Tunis, prouvoit à quel point la puissance navale des vénitiens avoit dégénéré. La paix avec les barbaresques avoit achevé de l'anéantir.

On découvroit cependant un esprit national, répandu même dans les provinces de Terre-Ferme, qui n'attendoit que les occasions pour se développer. Le lion de Saint-Marc dormoit, mais il étoit aisé de le réveiller. C'étoit à la prudence de cet illustre sénat à régler les premiers mouvemens de son réveil. Il ne tenoit qu'à lui de conserver le respect et même l'attachement dont il jouissoit, et de tourner à son avantage le génie révolutionnaire que le succès des français fixoit en Italie, qui alloit certainement s'agiter ou contre les gouvernemens qui lui présenteroient une opposition mal-adroite, ou en faveur de ceux qui sauroient le diriger.

Il a paru en 95, un livre profond, du comte de Curti, sur les dangers du gouvernement de Venise, et sur les réformes qu'ils nécessitoient. Il est intitulé : *Mémoires historiques et politiques sur la république de Venise en* 92. Il prouve parfaitement que les institutions sont bonnes, que tout le mal réside dans l'abus d'une autorité olygarchique. Il prouve que la suppression du conseil des dix, et sur-tout des trois places odieuses des inquisiteurs d'état, et l'activité rendue aux quatre *quaranties*, auroient suffi pour rendre à cette sage constitution toute son énergie.

Mais à l'époque où ce citoyen estimable a composé ce livre avec autant de patriotisme que de modération, malgré les vexations dont il étoit la victime, et les dangers qui le menaçoient alors, la révolution française n'avoit pas encore pris le caractère de conquête et d'extension que la foiblesse, la mauvaise foi, la mal-adresse de ses ennemis lui ont donné sur-tout pendant les quatre dernières années. Les français n'avoient pas encore passé les Alpes, l'Italie conservoit encore son systême pacifique, qui rendoient suffisantes les réformes proposées dans cet excellent livre.

Tout est changé ; il eût fallu que dès-lors la république fût devenue une puissance respectable par sa force, sinon elle devoit être opprimée ou détruite ; pour acquérir cette force, non-seulement il falloit qu'elle détruisît entièrement l'olygarchie qui la minoit, mais il falloit qu'elle cessât de concentrer son aristocratie dans la métropole ; il falloit qu'elle l'étendît sur toutes les parties de sa domination, pour les lier toutes par l'intérêt commun.

La première mesure et la plus indispensable, étoit de changer en citoyens les *ilotes* de Terre-Ferme et d'outre-mer, pour éviter que leurs premiers pas vers la liberté ne fussent en sens contraire de l'intérêt de la métropole. Il falloit pour cela ou brûler le livre d'or ou l'augmenter de toutes les familles puissantes de ces provinces; il falloit que toutes eussent part au gouvernement pour s'y attacher.

Il falloit faire voir le jour aux trésors enfouis; exciter l'ambition politique de tous ces hommes régénérés par les emplois civils et militaires de terre et de mer; refondre l'armée et la marine, y distribuer l'ordre sénatorial, inspirer de l'honneur et du patriotisme, réparer les places, les garnir de troupes, et se préparer à repousser sérieusement tous les maux qu'entraîne la passion de la liberté, quand le gouvernement ne la dirige pas.

Avec ces mesures, qui eussent fait promptement du peuple vénitien une république vigoureuse et respectable, le sénat n'eût plus eu à craindre les agitations du génie révolutionnaire, qui n'auroit même pu que lui être favorable en lui rendant son ancienne énergie. Alors le gouvernement n'auroit plus eu à soutenir son autorité par le soupçon et le mystère ; les *bouches de fer* eussent disparu de ses villes, ainsi que ses espions, ses délateurs, son conseil des dix et ses trois inquisiteurs d'état, en quoi consistoit toute l'action de ce gouvernement retréci.

Voilà le genre de révolution que tout philantrope sage auroit désiré pour la république de Venise ; ce peuple prudent et spirituel en étoit digne. Une telle révolution ou plutôt réformation, eût servi de modèle au reste de l'Italie, elle eût pu rendre Venise le centre ou au moins le membre principal de l'association fédérale de toute l'Italie, lorsque cette contrée auroit essuyé tous les changemens qu'y produira nécessairement, au plus dans l'espace d'un demi-siècle, et vraisemblablement beaucoup plutôt, le génie révolutionnaire qui s'en est emparé.

Venise n'est plus ! mais ce peuple reprèndra un jour sa liberté ; il est plus aisé de passer de la servitude à la liberté, que de s'accoutumer à la servitude, quand on a été libre. On peut prévoir de même que c'est par l'Italie que les français seront punis de leur rage de républicaniser les autres nations.

CHAPITRE VI.

La Turquie.

La révolution de l'Italie entraîne nécessairement celle de la Turquie, quand même les français, respectant leur antique alliance avec la Porte uniquement attentive aux intérêts du commerce, se dispenseroient d'agiter le peuple grec, pour lui rendre son antique valeur, et l'exciter à rompre les fers de son effroyable servitude. Les italiens régénérés à la liberté, et, dans l'enthousiasme de la nouveauté, enverroient des missionnaires de l'autre côté du golfe Adriatique.

La propagande révolutionnaire prêchant les principes de la démocratie, a encore plus d'activité que celle du christianisme. Dans ce siècle raisonneur, on est parvenu à établir la tolérance religieuse; mais comme les hommes sont destinés à se tourmenter pour des opinions, on y a substitué l'intolérance politique. D'ailleurs, dès que la démocratie triomphe, son inquiétude se répand autour d'elle.

Si les républiques puissantes ont une aversion naturelle pour la royauté, des républicains démocrates ajoutent à ce sentiment la haîne de l'aristocratie. La démocratie est soupçonneuse et timide, son action est dans le nombre ; elle emploie ingénéreusement et sans scrupule la force de mille contre un ; si même ces mille voient vingt ou trente hommes se réunir, la peur s'empare d'eux et les pousse à la férocité. Elle craint donc toujours toute réunion ; elle persécute à mort l'aristocratie, non-seulement au dedans, mais même au dehors et autour d'elle. Plus la démocratie est nombreuse, plus elle veut le devenir, elle n'a pas d'autre système politique. Son incessante activité travaille à renverser tous les gouvernemens qui lui sont opposés, et aucun ne l'est plus que celui de la Turquie.

Les français n'ont pas voulu laisser aux italiens la gloire ni l'avantage de régénérer les grecs ; ils ont commencé par mettre un obstacle entre leurs communications, en faisant présent à la maison d'Autriche, de Venise et de la Dalmatie. Ils ont placé de ce côté la monarchie pour digue contre le torrent révolutionnaire. La république mère veut bien faire des filles, mais elle est jalouse de sa fécondité, et ne veut que des filles stériles.

La France s'est donc réservé tout le profit et l'avantage du révolutionnement de la Turquie d'Europe. Pour cela elle a été fonder un département français dans la mer Ionique sur la côte de l'Albanie. Ce département est plus militaire que commerçant. Corfou n'est pas située favorablement pour former une échelle de commerce avec l'Archipel; mais c'est une place d'armes navale formidable. La possession de Larta (l'ancienne Larisse) donne un pied sur cette partie du continent ottoman. Dans ces deux points se composeront les livres qui doivent éclairer et électriser les albaniens et les macédoniens déja révoltés contre l'empereur ottoman, et dont il ne faut plus que diriger les mouvemens révolutionnaires. On traversera une chaine démocratique qui aboutira à Salonique, et d'où la révolution s'établira dans les isles de l'Archipel, pendant qu'une des branches se dirigera sur la Laconie et sur l'Attique, et une autre sur Constantinople, et que de Corfou on agitera l'isle de Candie.

La rivalité de l'Angleterre redoublera l'activité de ce mouvement; son commerce sera ruiné dans le Levant, et il sera entiérement entre les mains de la France, jusqu'à ce que les grecs, après avoir relégué les turcs en Asie, parviennent à établir un ou plusieurs gouvernemens, qui leur donnent une consistance assez solide pour secouer la dépendance de la république mère. La France jouira longtems de sa supériorité dans le Levant, avant que les grecs aient acquis cette indépendance.

L'établissement des français à Corfou, où ils ont rassemblé tous les bâtimens, toutes les munitions navales de l'arsenal de Venise, est un obstacle insurmontable aux projets chimériques d'établissemens maritimes de la maison d'Autriche dans la Méditerranée. Les français borneront cette puissance au cabotage du golfe Adriatique, et ne permettront pas que le pavillon impérial flotte sur des vaisseaux de guerre au-delà de ce golfe; ils seront à portée de gêner son commerce, de l'interrompre, ou de le détruire entiérement quand ils voudront.

Tous les amis de l'humanité ne peuvent que souhaiter l'affranchissement des grecs, de cette nation si brillante, des descendans des Miltiade, Solon, Socrate, Epaminondas,

Aristide, des peintres, des sculpteurs, des philosophes, des poëtes qui, depuis vingt siècles, sont encore nos modèles. Le désir de la philosophie a été de tout tems, de voir reléguer en Asie les barbares ottomans, avec leur fanatisme, leur despotisme et leur ignorance; mais les conséquences de cet événement sont terribles, et acheveront d'y répandre le désordre et la confusion.

C'est par l'Albanie que la légion polonaise de Dombrowski, renforcé d'arnautes, de bosniaques et de grecs, sera transportée jusqu'aux frontières de la Pologne, et pénétrera par la Bukowine et par l'Ukraine, pour aller rassembler et régénérer la nation polonaise. C'est par cette nation régénérée que la Russie éprouvera les vengeances de la France, et sera pénétrée du génie révolutionnaire, dont les bras étendus ceignent l'Europe qu'il couvre de ses aîles de feu.

CHAPITRE VII.

La Russie.

CET empire, par son éloignement, par la dispersion de sa population sur un territoire immense, par la diversité des langues, des mœurs, des cultes de ses habitans, par le fanatisme de sa religion dominante, par l'ignorance profonde de toutes les classes de citoyens, par la prépondérance d'une cour qui seule réunit les lumières de l'empire, par l'éclat d'un trône d'où dérivent toutes les récompenses, les punitions, les richesses, la misère, par la réunion du pouvoir, sous le joug d'une armée très-nombreuse et très-obéissante ; cet empire n'a eu jusqu'à présent à craindre que des conjurations de cour, des révoltes de peuples barbares, des révolutions dans la famille impériale.

Pétersbourg est non-seulement la tête, mais le cœur de l'empire ; tous les canaux de la vie politique y aboutissent. Les événemens tragiques qui arrivent souvent autour du trône, et qui l'ensanglantent, ne sont que des spectacles indifférens pour le peuple qui les voit sans émotion et sans intérêt, parce qu'ils n'influent en rien sur son existence. La couronne peut être portée par un homme ou par une femme, être arrachée violemment par des crimes; tout est égal à la nation : celui qui la porte est obéi; le souverain est toujours là.

Il semble qu'un pareil gouvernement est à l'abri des coups du génie révolutionnaire, qu'une pareille nation n'est pas susceptible de ses influences. Elle ne lit point, elle ne sait rien, elle n'a pas même de gazettes; elle ignore qu'il existe un grand peuple qui, à la suite de discussions métaphysiques, a renversé un trône de quatorze siècles, a vaincu toutes les nations de l'Europe, et propagé ses opinions les armes à la main.

Il existe cependant en Russie une grande ville où les connoissances prennent de l'accroissement, où la haîne et la jalousie contre la cour, rassemble des principes d'indépendance, germes du républicanisme; cette ville est Moscow; elle est à présent l'asyle du mécontentement et de la critique; elle deviendra un jour foyer de révolution.

Catherine II a eu l'air de regarder la révo-

BIBLIOTHÈQUE IMPÉRIALE

lution française comme un jeu politique, dont elle pouvoit tirer parti en attisant la guerre ; en excitant les princes français par de légers services et de grandes promesses ; en poussant, par son adhésion, l'Autriche et la Prusse à cette guerre qui ne pouvoit que les miner, quel qu'en fût le succès ; en joignant aux flottes anglaises une de ses escadres pour exercer sa marine sans la compromettre.

Ayant rempli son but en occupant la Prusse et l'Autriche contre la France, elle a cru le moment favorable pour s'emparer du reste de la Pologne ; ce qui a engagé la Prusse à faire sa paix avec la France, pour avoir part, ainsi que l'Autriche, à cet envahissement ; ce qui a déjoué l'ambition de l'impératrice de Russie.

La défection du roi de Prusse a porté un coup mortel à la coalition. La Russie a été encore plus froide sur l'intérêt général, et s'est contentée de fournir aux émigrés un léger subside. Son successeur a depuis acquitté noblement la dette de cet engagement politique envers la maison de Bourbon, en offrant un asyle honorable à l'héritier de l'infortuné Louis XVI, et en récompensant par un établissement avantageux, le courage persévérant de l'armée de Condé, et la vertu de ce prince, qui lui a attiré l'estime de toute l'Europe, et même des plus furieux démocrates français.

Cette conduite de la Russie a le sort de toutes les demi-mesures, elle a fait plus de mal que de bien. La révolution française n'en a acquis que plus de consistance, et la Russie a perdu l'influence qu'elle pouvoit se donner sur le reste de l'Europe, ou en joignant des forces imposantes à la coalition contre la France, ou en se réservant pour une médiation respectable.

Actuellement son sort est aussi dépendant de ce qui sera conclu à Rastadt, que celui du reste de l'Europe. Si la paix se fait, si l'Allemagne est démembrée, et la Suisse soumise et démocratisée, comme il y a toute apparence, l'esprit révolutionnaire n'étant plus arrêté, se répandra rapidement dans la Turquie, que les polonais formés à l'école de Bonaparte, traverseront pour rentrer dans leur patrie, par la Bukowine et l'Ukraine, pendant que les français partant de Constantinople, attaqueront la Crimée.

Naturellement des embarras politiques se joindront à cette guerre révolutionnaire; les persans en Asie, les suédois du côté de Pétersbourg, profiteront de la détresse de la Russie, pour rentrer dans les provinces dont ils ont été dépouillés. Le despotisme succombera sous la démocratie, et cet empire colossal n'aura de durée qu'un siècle.

La Russie ne peut se soutenir que par la rupture du congrès de Rastadt, par sa médiation armée pour l'intégrité de l'Empire, et par une guerre générale et très-active contre l'ennemi commun, ou par une paix universelle qui puisse établir la tranquillité de l'Europe, sur des bases solides.

CHAPITRE VIII.

La Suède.

CETTE puissance paroît avoir dans les affaires actuelles de l'Europe trois intérêts opposés ; le premier de ne se mêler de rien, de suivre avec attention les progrès de l'esprit révolutionnaire, et de se tenir prête à en profiter lorsqu'il attaquera l'empire russe, pour secouer les chaînes de la cour de Pétersbourg, pour reprendre ses anciennes frontières, et les pousser même jusqu'à la Newa, et par la possession de Pétersbourg, s'assurer celle de la Livonie.

Le second intérêt personnel à la royauté, est de traverser les négociations de Rastadt, pour faire cause commune avec les rois contre la démocratie.

Le troisième, qui regarde le bien présent de ses sujets, est de forcer la France à retirer son décret contre les vaisseaux neutres, en adhérant à une coalition navale contre les français avec le Danemarck, Hambourg, Lubeck, Naples, la Turquie et les américains,

BIBLIOTHÈQUE ... ROYALE

pour empêcher toute tyrannie de la part des puissances belligérantes indistinctement, ou même de se coaliser avec l'Angleterre, pour empêcher la descente qui, si elle réussissoit, occasionneroit une banqueroute générale qui ruineroit la Suède, et acheveroit de soumettre l'Europe à la puissance très-immodérée du directoire français, ce qui ameneroit très-promptement l'extinction de la royauté, le renversement de toutes les constitutions, et une désorganisation générale, qui livreroit, au moins pour un siècle, l'univers à l'anarchie.

De ces trois intérêts, le premier est hypothétique et incertain; les deux autres sont instans.

Comme membre de l'Empire, le roi de Suède doit craindre la honte et le danger de la dissolution du corps germanique, et l'établissement de la démocratie dans cette contrée, qui rendroient ses possessions germaniques très-précaires. Il a donc un très-grand intérêt aux négociations de Rastadt, et il ne peut désirer que la paix s'y termine, qu'en cas que, par sa médiation, les français accordent l'intégrité de l'Empire, rendent l'évêché de Basle, et assurent la tranquillité de la Suisse, en se retirant du pays de Vaud, et les cisalpins de la Valteline.

G 2

CHAPITRE IX.

Le Danemarck.

L'INTÉRÊT de cette puissance est aux négociations de Rastadt, plus direct que celui de la Suede. Les conséquences de la paix, sont infiniment plus importantes pour elle. Elle ne doit pas se dissimuler que le Holstein est travaillé révolutionnairement, d'une manière très-active et très-dangereuse. Sa sage neutralité lui a procuré de grands avantages; mais elle a eu l'inconvénient d'ouvrir ses états, ceux sur-tout d'Allemagne à la propagande française, qui y a fait de grands progrès. Le salut du Danemarck repose ou sur l'intégrité de l'Empire, ou sur une guerre générale contre les démocrates français; la première même est insuffisante, et ne fait que retarder l'époque de sa ruine. Si la France effrayée de la menace d'une coalition générale, se contente des limites de la Meuse, elle n'en travaillera qu'avec plus d'activité, pendant la courte paix qu'elle aura signée à regret, à cultiver les semences de désorganisation qu'elle a répandues sur les bords du Rhin, et même au-delà, ainsi qu'en Suisse, en Italie et en Turquie, et elle recommencera la guerre dès qu'elle verra ses semences prêtes à éclore.

Hambourg est au plus haut dégré le point d'importance, d'inquiétude pour le Danemarck. Si la paix se conclut à Rastadt sur le pied de la cession à la France de la limite du Rhin, l'Empire sera démembré ; en ce cas, Hambourg servira d'indemnité à l'une des grandes puissances de l'Allemagne, ce qui rapprochera un voisin actif et dangereux des états allemands du Danemarck sans défense et tout ouvert du côté de l'Elbe. En ce cas, le souverain qui aura usurpé cette ville, en fera fuir le commerce par un gouvernement militaire, ou voudra le rendre exclusif aux dépens d'Altona, de Gluckstadt, par la domination de l'Elbe.

Ou bien Hambourg favorisée par la France, restera libre et deviendra une colonie démocratique, le foyer de la propagande d'où les missionnaires se répandront dans le pays d'Hanovre, la Prusse, le Meklembourg et le Holstein; alors c'est par Hambourg que le démon révolutionnaire ravagera le nord de l'Allemagne, ou bien le roi de Danemarck profitera du systême de partage pour usurper Hambourg et Lubeck ; mais ces deux villes populeuses, riches et républicaines seront difficiles à tenir dans la sujétion, et finiront, après l'avoir ruiné par des guerres, par démocratiser ses états, apres avoir reconquis leur liberté. D'ailleurs, le Danemarck n'a aucun titre pour être admis à un systême de partage ; il est resté neutre et intact ; il ne peut exiger aucune indemnité.

Ou bien enfin le roi de Danemarck, sollicité par les deux villes Anséatiques, et suivant les principes de modération et de justice qui distinguent le systême politique de son conseil, se déclarera le protecteur de Hambourg et de Lubeck ; en ce cas, ou il soutiendra une guerre contre les intéressés au partage, appuyés par la France, et il peut y succomber ; ou la France, toujours conséquente dans ses vues de révolutionnement général, adhérera à son protectorat, pour conserver son influence sur Hambourg, et y sera plus maitresse que lui : ainsi ce palliatif ne le garantira de rien.

Si la France, pour éviter une guerre générale, consent à l'intégrité de l'Empire, la paix sera conclue à Rastadt, et les plénipotentiaires allemands ne s'élevant pas au-dessus de la sphère de l'intérêt qui les environne, croiront avoir fait des merveilles, ne prévoyant pas que la France n'aura eu une modération aussi opposée à ses principes, que pour ne pas trouver d'obstacles à son grand projet de la descente en Angleterre, dont le succès entraîneroit une banqueroute générale, et la ruine de toute l'Europe.

Ici s'ouvre pour le Danemarck, un intérêt maritime et commercial aussi important que son danger territorial. Un décret des conseils et du directoire français, vient déja de porter un coup fatal à son commerce. Que sera-ce, si les français anéantissent la puissance anglaise, démembrent ses états, se font céder ses principales colonies, détruisent sa marine, et plongent l'Angleterre dans une démocratie anarchique? Ces républic ins inquiets et insatiables seront des dominateurs de la mer, bien plus exigeans que les anglais. Aucun pavillon ne pourra flotter sans leur permission; toutes les puissances maritimes seront leurs tributaires, aucune ne sera à l'abri de leur atteinte; ils regarderont le péage du détroit du Sund comme un droit féodal ; ils régenteront dans Copenhague, dans la Baltique, dans l'Elbe ; ils se feront livrer exclusivement toutes les matières premières de la marine par les puissances du Nord, et la démocratie achevera sur mer ce qu'elle a commencé avec ses armées de terre.

L'influence de la négociation de Rastadt, n'est donc pas toute seule le salut ou la perte du Danemarck. Ce royaume a donc en outre le plus grand intérêt, non-seulement à ce que la descente en Angleterre ne réussisse pas, mais encore qu'elle n'ait pas lieu. Il faut ou que le Danemarck, comme puissance maritime et commerçante, force la France à retirer son décret tyrannique contre la libre navigation des vaisseaux neutres, soit par une neutralité armée très-active, soit en se joignant à l'Angleterre, la Russie et la Suède, pour faire échouer tout projet de descente.

Il faut que la Russie, la Suède, le Danemarck soient forcément médiateurs des négociations de Rastadt ; que les plénipotentiaires du pape, de Naples, des cisalpins, du roi de Sardaigne, de la Toscane, de la ligue helvétique, des Etats-Unis de l'Amérique, de l'Espagne, du Portugal, de l'Angleterre, y soient admis ; que ce congrès, au lieu d'être simplement celui de l'Empire, devienne le congrès de l'univers ; qu'un armistice sacré soit établi jusqu'à sa conclusion ; que cette conclusion produise une *paix générale*, qui non-seulement stipule les intérêts topographiques respectifs, mais assure l'existence politique de tous les peuples qui y concourront ; enfin le Danemarck ne peut être sauvé que par une guerre générale ou par une paix universelle.

CHAPITRE X.

L'Angleterre.

Aucune puissance n'est plus menacée par le génie révolutionnaire ; aucune ne peut ressentir plus funestement la maligne influence de la révolution française ; aucune ne peut être plus promptement écrasée ou sauvée par les résultats du congrès de Rastadt, que l'Angleterre.

Sans retracer ni les causes ni les événemens d'une guerre terrible qui a trompé les calculs et les espérances de toute l'Europe, on ne peut qu'admirer l'espèce de contre-poids de succès qui a tenu la balance égale entre la France et l'Angleterre, en montrant constamment l'une invincible sur terre, et l'autre sur mer. Ces deux nations ont fait de grandes conquêtes, chacune sur son élément. Toutes deux, lorsque les autres sont épuisées ou découragées, développent plus d'énergie et de ressources, parce que ce sont les deux seules qui connoissent la réalité du mot *patrie*, par conséquent chez lesquelles le patriotisme soit le mobile universel.

Nous allons voir bientôt, si les suisses qui ont pareillement une patrie et un gouvernement représentatif, qui identifie le sujet au souverain, sont susceptibles du même patriotisme. Si cela n'est pas, il faudra attribuer cette absence de vertu avec les mêmes mobiles, au vice de la constitution fédérative qui, par la subdivision d'intérêts particuliers, absorbe l'intérêt général, comme la Hollande et le corps germanique nous en fournissent l'exemple frappant.

Dans cette lutte acharnée entre la France et les anglais, la gloire des premiers a été plus difficile à acquérir et plus brillante. Les français ont montré plus de courage, les anglais plus d'habileté. Les français ont eu tout à créer, les anglais avoient une excellente marine. Si les français n'avoient pas eu à soutenir une guerre universelle, qui occupoit tout leur génie et toute leur population, ils auroient en peu de tems égalé, et peut-être surpassé les anglais, en nombre de vaisseaux et de matelots. Deux époques assez récentes en sont la preuve.

Louis XIV, dont l'ambition aspiroit à la

gloire universelle, avoit voulu avoir une marine. En peu de tems, il en a créé une. Louis XVI, pour secourir les américains, avoit besoin de vaisseaux. En deux ans, il en avoit porté le nombre à quatre-vingt; mais comme Louis XVI faisoit alors contre l'Angleterre une guerre de coalition, il a éprouvé tous les malheurs résultans des plans combinés contre un ennemi qui n'a qu'un seul intérêt, une seule volonté, une seule action. En 1779, la descente en Angleterre a manqué par la lenteur espagnole. Une autre fois, la défection des hollandais a nui aux opérations. La cupidité et la division firent perdre une bataille décisive, et tous les efforts du dernier roi de France, furent perdus.

Dans cette guerre révolutionnaire, la marine française a été désorganisée; vingt vaisseaux livrés avec Toulon, l'ont affoiblie; deux batailles navales l'ont achevée. Tout le génie, tout le courage, tous les efforts des français se sont dirigés contre les peuples voisins, qui menaçoient leur liberté. Leurs armes victorieuses ont porté au loin la terreur et le ravage. Ils ont abandonné aux anglais l'empire de la mer, sans cependant rester entièrement inactifs. Leurs corsaires ont fait essuyer de grandes pertes au commerce anglais, tant dans les mers de l'Inde, que dans celles d'Amérique et d'Europe. Une escadre a détruit les pêcheries de Terre-Neuve. Ils ont reconquis la Corse; ils ont chassé les anglais de la Méditerranée ; ils ont rétabli leur marine à Toulon ; celle de Brest se remonte, et ils en ont conquis une à Venise et à Corfou; enfin, ils s'occupent très-sérieusement d'une descente en Angleterre.

Il faut être très-imprudent, pour regarder ce projet comme une chimère. Si la guerre reprend, il est certainement inexécutable; mais si les français n'ont plus affaire qu'aux anglais, ils parviendront à leur but par leur persévérance. La partie méchanique de la marine peut s'acquérir avec de l'argent et des bras; la partie technique s'apprend par la pratique, la gloire et les récompenses. Les français ont un génie entreprenant et hardi qui les rend susceptibles de tous les genres d'instruction et de travaux. Ces réflexions ne peuvent pas échapper au gouvernement anglais, et doivent lui causer de grandes inquiétudes.

L'Angleterre, après avoir éprouvé par ses

propres troupes, sur-tout à Toulon et à Dunkerque, l'invincibilité des français sur terre, a vu ses alliés l'abandonner l'un après l'autre, après l'avoir épuisée par de grands subsides. Le congrès assemblé à Rastadt, est fait pour lui enlever les dernières ressources, en la privant de toute diversion. L'influence des résultats de ce congrès sur le sort de l'Angleterre, est décisive.

Si la paix se fait entre la France et l'Empire, les vaisseaux anglais, déja expulsés de la Méditerranée, n'auront plus un seul point de relâche dans toute l'Europe. Le commerce de Brême, de Hambourg, de la Baltique et du Nord, leur sera fermé. Le corsairage se multipliera de tous les ports qui sont encore neutres; leurs manufactures déja languissantes, tomberont entièrement. Les denrées de leurs immenses colonies, seront interceptées, ou resteront encombrées dans leurs magasins, pendant que l'entretien forcé de nombreuses escadres, ruinera l'état.

L'opposition au gouvernement, l'esprit révolutionnaire, le mécontentement de nombreux ouvriers sans travail et sans pain, la décadence du commerce, la méfiance que les cessations de paiement et les banqueroutes partielles, produiront dans les transactions mercantiles, l'embarras de la banque, l'activité des français à fomenter la discorde dans les trois royaumes, la nécessité d'entretenir une nombreuse armée pour mettre les côtes à l'abri des insultes, la cherté de cette dépense, le danger de tenir armée toute la nation, au milieu de l'esprit de discorde et d'innovation qui l'agite ; cette réunion de calamités réelles, suffit pour épuiser les ressources et le courage de cette nation qui tire toute sa force de ses richesses et de son commerce, quand même les français n'emploieroient pas contre elle des mesures plus décisives.

Que sera-ce, si les français, tournant toute leur force et leur industrie vers la marine, s'attachent opiniâtrément à l'exécution d'une descente ?

Il faut ici arracher le bandeau de l'illusion, et prouver que cette descente est possible. Ces citadelles flottantes qui font la confiance de l'Angleterre, sont sujettes aux caprices de l'élément sur lequel elles stationnent. On a vu une escadre échapper à deux flottes anglaises, porter le corps de troupes commandé par le général Hoche, dans la baie de Bantry, d'où il n'a été repoussé que par les vents, ayant eu plus de quatre jours libres pour effectüer la descente. Si elle eût réussi, c'en étoit fait de l'Irlande ; elle se séparoit de l'Angleterre, et devenoit son ennemie.

On a vu une flotille de quatre frégates, aller vomir sur la côte de Galles, l'écume des bandits de la France, sans qu'on puisse encore deviner le but de cette hideuse expédition qui a porté l'effroi jusques dans la capitale, parce que le télescope de la peur des uns, et du désir des autres, grossissoit les objets. Ces deux essais ont été faits, l'un en dehors, l'autre à l'ouvert de la Manche, et ils ont réussi.

Tous les marins savent que ce canal retréci entre deux terres élevées, a un courant constant de trois lieues à l'heure, soit de marée montante, soit de marée descendante; que les vents y sont constans et périodiques, d'est en ouest, et de ouest en est ; que leurs variations sont légères et de peu de durée ; que par conséquent une escadre ne peut jamais bloquer un port par une station fixe, parce qu'elle est entraînée par les courans et les vents, sur-tout quand ils sont réunis dans la même direction ; qu'il faut une

habileté

habileté extrême et un travail très-fatiguant, pour croiser continuellement, afin de conserver le dessus du vent, et de n'être pas entraîné par les marées au-dessous de sa station ; qu'il est nécessaire de faire des relâches fréquentes, pour faire de l'eau, mettre les malades à terre, reposer et ranimer les équipages. (1) Tous les marins savent que dans les parties les plus retrécies de la Manche, la traversée d'une côte à l'autre, avec l'aide du courant, et d'un vent frais, n'exige que plusieurs heures; qu'une nuit suffit pour arriver d'une côte à l'autre, que le canal est très-souvent couvert de brouillards qui peuvent encore favoriser le départ et l'arrivée. Voilà ce que tous les marins savent; aucun d'eux ne doute qu'un vaisseau partant de la côte de France pour arriver à une destination fixe en Angleterre, ne puisse échapper aux croiseurs.

On objectera que ce qui est possible pour

(1) On a vu pendant la guerre de 1778, les escadres de Johnstone et de Carteret, se dépiter contre la station peu lucrative et trop fatiguante de la Manche, passer du murmure à la révolte, et forcer leurs commodores à rentrer dans les ports.

un vaisseau, ne prouve rien pour une expédition qui demande un grand rassemblement de soldats, de canons, de chevaux, de munitions, de vivres, de vaisseaux de transport, de bâtimens de guerre. Cette objection qui paroît forte, n'est que plausible.

Il y a deux manières d'exécuter la descente en Angleterre; l'une d'une armée complette, portée sur des navires marchands, convoyée par une flotte de guerre nombreuse, qui essaieroit de vive force de gagner la côte d'Angleterre, de repousser les flottes, qui voudroient empêcher le passage, et les troupes qui voudroient s'opposer à la descente, et de protéger ensuite par sa formidable artillerie, l'établissement de cette armée, jusqu'à ce qu'elle n'eût plus besoin de secours maritimes, soit pour son établissement, soit pour sa subsistance.

Cette manière n'est pas d'une exécution physiquement impossible; mais la supériorité des anglais est si grande en habileté et en forces navales, que toutes les probabilités sont contre le succès d'une pareille tentative.

1°. Il n'y a pas un port français dans la Manche, où l'on puisse faire un pareil établissement. Il faudroit donc le diviser en plusieurs ports, comme cela a été très-mal arrangé en 1779, entre le Havre, Saint-Malo et Brest.

2°. Il faut une rade fermée ou un mouillage défendu, où l'on puisse rassembler tous ces points divisés, sous le convoi d'une grande flotte de guerre, pour partir ensemble, et il n'en existe aucun pareil sur la côte de France. Cherbourg même est insuffisant.

3°. Les préparatifs ne peuvent être que très-lents et très-dispendieux. Le projet sera connu, les croisières et les stations des anglais seront décidées par les énormes apprêts, et le cabotage nécessaire entre le point de réunion et les autres ports, sera facilement intercepté par les anglais.

4°. Le point de la côte anglaise menacé par le point de départ connu, sera fortifié avec plus de soin, renforcé de plus de troupes et d'artillerie.

5°. Les vents favorables au point de départ du convoi seront contraires à la jonction de la flotte de guerre qui doit convoyer.

6°. La flotte anglaise, bien instruite des préparatifs, pourra à son choix attaquer la flotte française, soit avant sa jonction avec le convoi, soit après cette jonction qui l'embarrassera. Dans l'un ou l'autre cas, si la flotte française est battue, l'expédition sera manquée, soit que le convoi soit resté dans les ports, soit qu'il soit détruit à la suite de la défaite, et toutes les probabilités indiquent que les français seront battus.

7°. Si avant ou pendant le combat, l'armée convoyée atteint la côte d'Angleterre, et tente la descente, son sort dépendra de l'issue du combat naval, et elle trouvera à terre d'autant plus de résistance, que les anglais compteront sur la proximité du secours de leur flotte.

8°. Enfin, quoiqu'en disent les français, s'ils éprouvent un mauvais succès, ruinés par un aussi grand effort, dépouillés de leurs dernières forces navales, ils ne recommenceront plus une entreprise aussi téméraire, et ils termineront avec honte une guerre soutenue avec tant de gloire, et tous leurs lauriers seront submergés; leurs colonies ainsi que celles de leurs alliés, seront la proie de leurs fiers ennemis, et peut-être les puissances auxquelles ils auront imposé des loix trop dures à Rastadt, profiteront de leur désastre pour les attaquer de nouveau.

L'autre manière de tenter une descente en

Angleterre est partielle ; elle peut s'exécuter de divers points à-la-fois, ou l'un après l'autre. Elle n'exige ni grands vaisseaux de transports, ni vaisseaux de guerre pour escorter. Ses préparatifs disséminés depuis la Hollande jusqu'à Brest, menacent plus de points, ont moins d'éclat, sont moins chers et plus faciles.

Des chaloupes canonnières et bombardières, quelques frégates ou corvettes constituent toute la force navale, qui ne doit servir que contre les batteries de la côte ; des chasse-marées et des bateaux pontés peuvent porter facilement les troupes, leurs canons et affûts en lest, leurs munitions, et pour huit jours de vivres. Il existe plus de quinze cents de ces chasse-marées sur la côte française de la Manche, depuis Brest jusqu'à Dunkerque, et presqu'autant depuis Dunkerque jusqu'à l'Oostfrise. Chacun de ces bateaux, pour une traversée de 24 heures, peut porter en Angleterre cent hommes avec une pièce de canon, son affût et ses munitions à fond de cale. Ces bateaux échouent sans danger; le débarquement se fait aisément; ils sont excellens voiliers, les matelots sont hardis, les patrons connoissent parfaitement les côtes anglaises. On peut réunir très-facilement en trois jours de tems deux cent de ces bâtimens, dans tel point de la côte que l'on voudra. Le rassemblement des troupes peut se faire en aussi peu de tems à point nommé. L'embarquement de l'artillerie démontée, de quelques chevaux avec leur fourage, des munitions, des vivres secs, des médicamens, peut se faire en trois heures, le débarquement se faire en aussi peu de tems.

Quarante chaloupes canonnières du nouveau modèle, portant chacune deux pièces de douze et quatre chevaux, en font l'avant-garde, et s'embossent sur le terrein même, au moyen de leurs fausses quilles. Elles couvrent la plage de feu, et donnent toute facilité à faire la descente sans inquiétude. Dix sacs à terre par homme, autant de palissades et des outils, donnent des moyens pour se retrancher.

Une pareille flotille peut porter facilement en Angleterre dix mille hommes d'infanterie et cinq cents chevaux, et étant maîtres du tems du départ, il est presqu'impossible que les croiseurs interceptent le passage. Une partie des chaloupes canonnières reste embossée avec les troupes, les autres avec les chasse-marées, retournent au point d'où elles sont parties, pour revenir toutes les nuits en détail, approvisionner le camp retranché, dont les vaisseaux ennemis ne peuvent pas approcher, tirant trop d'eau, et n'osant pas s'exposer aux batteries à boulets rouges, du camp et des canonnières embossées.

Il existe sur la côte méridionale et orientale de l'Angleterre, qui est très-dentelée, une infinité de points susceptibles d'une telle descente, dont les anglais ne connoissent peut-être pas eux-mêmes toute l'importance. Ainsi ce moyen de descente peut se multiplier sur plusieurs points de la côte d'Angleterre, avec le même secret, la même célérité, le même succès.

On objectera qu'un corps de dix mille hommes, est une poignée de monde qui ne peut pas résister à la nombreuse armée que les anglais rassembleront contre lui. Cela seroit vrai, si cette multitude pouvoit tout d'un coup se porter contre les français avant qu'ils fussent retranchés; mais c'est ce qui ne peut pas être. Une fois retranchés, il faut les assiéger régulièrement.

Un pareil nombre d'hommes a arrêté pendant deux mois, dans les retranchemens de terre du fort de Kehl, une armée autrichienne, nombreuse, victorieuse alors, plus aguerrie que les anglais, pourvue d'habiles ingénieurs, d'une bonne artillerie de siège et d'excellens canonniers. Les anglais ne peuvent pas se flatter d'emporter d'emblée des retranchemens garnis de dix mille français aguerris et d'une formidable artillerie.

Une fois jetés dans les lenteurs d'un siège, sans expérience de ce genre de guerre, sans généraux habiles, sans ingénieurs, sans artillerie de siège, craignant de pareilles expéditions sur plusieurs autres points de la côte, qu'ils n'oseront plus dégarnir, le patriotisme des milices se refroidira, la dépense augmentera, le commerce sera anéanti, les banqueroutes particulières, la cessation forcée des paiemens, la consternation des villes, des campagnes, des manufacturiers, et sur-tout le mécontentement du peuple et le génie révolutionnaire, ameneront le désordre et le cahos. Alors la ressource des anglais, même avant une défaite, sera une paix humiliante et chérement achetée, en supposant que les français, qui n'ont pas la vertu de se borner dans leurs victoires, aient la modération d'y consentir.

Supposons le cas le plus favorable à l'Angleterre, que les français soient repoussés à la première tentative, ce ne sera sûrement pas au moment de la descente. Tout homme qui connoit la guerre, sait qu'il est impossible d'empêcher une descente ; ce sera donc à la suite du siège de leurs retranchemens qu'ils y seront forcés, et passés au fil de l'épée, ou faits prisonniers. Que fera à la France la perte de dix mille hommes, qui en auront coûté autant au moins à l'Angleterre ? Elle rectifiera ses mesures et recommencera.

Il faut conclure, 1°. qu'une descente en masse, en Angleterre ou en Irlande, est sujette à d'énormes difficultés et de grands inconvéniens, mais qu'elle n'est pas physiquement impossible; qu'une armée de 60 à 80 mille hommes, une fois passée en Angleterre, peut y subsister sans avoir besoin d'être ravitaillée par mer ; que par la dispotion du peuple anglais, par l'ascendant que prend dans toute l'Europe la démocratie, elle trouvera des partisans et des ressources dans un pays riche, abondant et tout ouvert ; qu'une pareille armée suffit pour marcher à Londres, soumettre l'Angleterre abattre le royalisme, et changer la constitution.

2°. Qu'une ou plusieurs descentes partielles, sont d'une exécution bien plus facile, font presque le même effet, et forment l'avant-garde de la grande descente, en lui assurant une tête de pont.

3°. Que la seule menace d'une grande descente tient toute l'Angleterre en échec, la ruine par des croisières très-fatiguantes, par l'armement des côtes et par une *standing army ;* que l'Angleterre ne peut pas soutenir cet état de perplexité aussi long-tems que la France peut en continuer le simulacre.

4°. Que la menace d'une grande descente ne peut cesser que par une guerre générale contre la France, qui occuperoit ailleurs les forces destinées à ce projet ou à ce simulacre, ou par la paix universelle ; que c'est à Rastadt que l'une ou l'autre doit être decidée ; qu'ainsi le sort de l'Angleterre dépend entièrement du résultat des négociations de Rastadt.

On a prouvé au chapitre du Danemarck, que l'intérêt des puissances maritimes est que le projet de la descente en Angleterre, non-seulement soit sans succès, mais cesse d'exister. Les puissances continentales ont le même intérêt. La banqueroute universelle qui s'ensuivroit, tout le numéraire de l'Europe entre les mains d'une nation avide et sans frein, toute la puissance de terre et de mer réunie en elle, ne laisseroient plus aucune borne à son ambition et à sa rapacité, qu'on a toujours vu croître en proportion de ses succès. La chute de tous les trônes, l'anéantissement de toutes les constitutions politiques, civiles et religieuses, en seroient le funeste résultat. La démocratie dévoreroit l'Europe, et finiroit par se dévorer elle-même.

CHAPITRE XI.

L'Espagne.

CETTE puissance a passé par tous les dégrés d'humiliation, depuis la révolution française. Il étoit tout naturel que reléguée à l'extrémite de l'Europe, n'ayant aucun secours voisin à attendre; toujours vaincue, effrayée des succès des français, et plus encore de leur révolution, elle se fût séparée de la coalition, et qu'elle eût fait sa paix particulière.

Mais pour trouver les motifs qui ont engagé la branche espagnole de la maison de Bourbon à s'allier avec les meurtriers du chef de sa famille contre l'Angleterre, il faut fouiller dans le cahos des intrigues de cour et dans le foyer des passions; car cette démarche étoit contraire aux intérêts de la nation espagnole et à la saine politique.

L'Espagne avoit fait la guerre à la France, sans prévoir qu'il lui falloit une armée de terre; elle en avoit été punie par ses défaites.

Cette première leçon ne l'a pas corrigée de son imprévoyance. Avant de s'engager dans une guerre contre l'Angleterre, elle auroit dû calculer que la marine française étant anéantie, tout le poids retomberoit nécessairement sur elle; que pour lutter avec un ennemi aussi formidable, elle n'avoit à opposer qu'une marine inerte et sans expérience; que ses vastes colonies étoient ouvertes et sans défense; que les retours de ses flottes d'argent seroient exposés au pillage, ou au moins à des retards qui occasionneroient souvent de l'embarras dans ses finances.

Que pouvoit-elle prétendre de l'issue de cette guerre, en supposant que les événemens en fussent entièrement favorables pour elle et son alliée : envahir le Portugal et reprendre Gibraltar? Mais ces deux expéditions ne peuvent réussir qu'avec le secours de l'armée française. Le danger du séjour d'une pareille armée en Espagne, ne peut lui être que très-funeste; il détruiroit tous les avantages de ces deux conquêtes, en introduisant en Espagne la désorganisation morale et religieuse, ou en détruisant violemment, malgré la cour, l'alliance incohérente des deux nations, par l'antipathie naturelle des deux peuples, et par l'indignation des préjugés espagnols, contre l'immoralité des nouveaux français.

Ces deux expéditions seroient lentes, dispendieuses et incertaines; leurs frais immenses retomberoient sur l'Espagne seule; il faudroit encore récompenser les français par de nouvelles cessions qui vraisemblablement ouvriroient les colonies espagnoles de Terre-Ferme à la funeste activité des français. En supposant même que ces colonies restassent intactes, et que les compensations se fissent aux dépens du Portugal, les français exigeroient au moins le Brésil en tout ou en partie. Et quel voisinage?

Faire réussir par la réunion de leur flotte le projet de descente des français en Angleterre? Aucune des nations de l'Europe n'est réellement plus intéressée que l'Espagne à ce que les français échouent dans un projet qui leur donneroit l'empire de la mer, et les rendroit les maîtres de l'univers. L'Espagne peut éprouver quelquefois de la part du fier gouvernement anglais des humiliations et même quelques vexations; mais l'Angleterre ne peut jamais avoir le projet ni de détruire son commerce, ni de conquérir ses colonies.

Elle est elle-même intéressée par ses propres relations mercantiles, à ménager l'Espagne, et à user de sa supériorité avec modération.

Il n'en est pas de même de la France. Si elle réussit à envahir et désorganiser l'Angleterre, elle soumettra l'Espagne à son joug, comme la Hollande et la Suisse; ou bien, si elle veut trop tard secouer ce joug, elle lui fera ressentir le poids de sa colère. Le moins qui puisse lui arriver, c'est qu'elle s'empare, bon gré, malgré, de son commerce des Indes, et qu'elle se donne des stations fixes au Mexique et au Pérou. Alors l'esprit révolutionnaire, dont la marche est indépendante de la politique du gouvernement français, qui souvent précipite et croise les démarches de ce gouvernement, mais qui ne se laisse jamais diriger, commencera ses travaux apostoliques parmi les indiens opprimés et les colons mécontens. L'active démocratie égorgera les vice-rois, rompra tous ses liens avec la métropole, fera le commerce exclusif des denrées de l'Europe, avec ses instituteurs, et l'empire des Indes sera perdu.

L'Espagne elle-même, sera catéchisée en même tems que ses colonies. La démocratie ébranlera le trône du roi d'Espagne, et brisera ses vingt-deux couronnes. Ce beau pays se divisera en autant de républiques que de provinces, fédéralisées ou non. Tel est le système que les français développent en Italie; telle est la vraie politique de la *république-mère*; détruire les rois, démocratiser, former des petites républiques, mais empêcher les grandes réunions nationales, pour dominer toujours, et par-tout.

Il y a un grand avantage à ce système; c'est que ce seront autant de tributaires qui, en diminuant les impôts du peuple français, rendront toujours son trésor abondant.

L'Espagne est jettée en ce moment hors de son cercle politique, et doit désirer d'y rentrer. L'alliance de son roi avec la république française, est monstrueuse, onéreuse et dangereuse. Ses discussions avec l'Angleterre, ne sont que des bagatelles, comme le prouve la légéreté des griefs étalés dans son manifeste. De la part des anglais, il ne s'agit que de la vanité du roi d'Espagne; de la part des français, il s'agit de son existence.

Le

Le salut de l'Espagne dépend donc de celui de l'Angleterre, et par conséquent des résultats du congrès de Rastadt, de la guerre générale, ou de la paix universelle.

CHAPITRE XII.

Le Portugal.

Le Portugal, satellite de l'Angleterre, est, comme toutes les puissances du second ordre, entraîné par le tourbillon de sa planète, dans la commotion générale de l'Europe. La conduite violente de la France à son égard, la violation du droit des gens dans la personne de son ambassadeur, la hauteur que le directoire français emploie en négociant avec cette cour, la dureté des conditions qu'il lui impose, tout doit irriter l'honneur national des portugais, qui en avoient tant autrefois, et doit leur faire une loi de ne céder qu'à la dernière extrêmité. L'orage qui menace le Portugal, est violent; mais il existe bien des chances en sa faveur, et il doit au moins attendre le résultat du congrès de Rastadt, pour se décider : employer le tems avec activité est la vraie politique des forts; gagner du tems est l'unique ressource des foibles. L'Espagne seule n'est pas en état de soumettre le Portugal, défendu par une armée de quarante mille hommes, et par un nombre double de milices qui s'estiment au moins autant que les espagnols.

Ce n'est pas même l'intérêt de la cour d'Espagne d'entreprendre seule l'expédition du Portugal qui absorberoit toutes ses forces militaires, sans certitude de succès. Si elle avoit le malheur d'en faire la conquête, elle donneroit de la jalousie à la France qui exigeroit au moins d'elle la cession du Brésil. Si elle ne réussissoit pas, ce qui est bien plus apparent, elle seroit épuisée et à la merci de la France. Si cette guerre, une fois engagée, traînoit en longueur, ce qui est vraisemblable, la France joindroit forcément à l'armée espagnole des troupes auxiliaires, sans que l'Espagne osât refuser ce dangereux secours.

L'intérêt de l'Espagne est donc de ménager le Portugal, de prendre tous les moyens politiques de temporiser, pour éviter une rupture ouverte qui l'oblige à faire la guerre à ce petit royaume son allié naturel; de contenir le plus long-tems qu'elle pourra la pétulence française, et de lui opposer sa médiation pour terminer, sans coup férir, les affaires du Portugal avec la France.

Le directoire français menace depuis long-tems de faire marcher une armée au travers de l'Espagne, pour aller conquérir le Portugal; elle vient d'y destiner une section de l'armée d'Italie, et le général Augereau, sous ce prétexte, vient de perdre le beau commandement de l'armée du Rhin, et de recevoir ordre d'aller se mettre à la tête de l'armée des Pyrénées.

Mais la France n'est pas encore quitte de tous ses embarras sur le reste du continent, et ne le sera que par la conclusion du congrès de Rastadt, qui doit donner pour résultat ou la paix de l'Empire ou la guerre générale. L'affaire de Rome lui donne de nouvelles occupations. L'affaire de la Suisse emploie une division assez forte de l'armée d'Italie; le projet de la descente en Angleterre occupe la plus grande partie de ses forces. Le directoire ne peut dégarnir ni l'intérieur ni Paris. Il ne paroît pas que ce moment soit favorable pour aller jetter une armée à deux cents lieues de ses frontières, sans communication maritime.

La cour d'Espagne ne peut voir qu'avec autant d'effroi que de répugnance, une armée française traverser ses états pour aller en Portugal. Le directoire français n'a point d'argent pour l'entretien de cette armée qui tomberoit à la charge de l'Espagne. Celle-ci seroit obligée d'y joindre ses propres troupes qui seroient bientôt corrompues par le contact de ces soldats révolutionnaires. La nation espagnole, ou adopteroit les opinions de ces hôtes prédicateurs, ou s'indigneroit contre leurs principes et leur conduite. La cour d'Espagne courroit le risque ou de la désorganisation complette de son armée et de la défection de ses sujets démocratisés, ou de l'indignation des peuples qui rassemblant tous les griefs qu'ils ont de longue main contre la cour, dont la guerre malheureuse contre l'Angleterre n'est pas un des moindres, se joindroient peut-être aux portugais, malgré elle, pour se débarrasser de ces odieux auxiliaires. Cette cour se trouveroit entre deux révolutions en sens contraire, et elle seroit la victime ou de l'une ou de l'autre.

L'Espagne a donc le plus grand intérêt à traverser, par tous les moyens secrets, le projet d'expédition des français contre le Portugal. La France, de son côté, est obligée de suspendre pour quelque tems l'exécution de sa menace, au moins jusqu'à la conclusion du congrès de Rastadt; ainsi, le danger n'est pas instant, et ne doit pas jetter le Portugal dans une démarche avilissante, qui ne le sauveroit pas. Ce qu'il doit prévoir, c'est que si les français réussissent dans leur projet contre l'Angleterre, s'ils anéantissent cette puissance rivale, une fois maîtres de l'empire de la mer, ils viendront le reprendre en sous-œuvre.

La colonie de Cayenne qui sert à présent de prison aux malheureux français de tous les partis, que le directoire et les conseils condamnent à la déportation, en attendant peut-être leur tour pour aller la peupler, reçoit continuellement de l'accroissement sur la terre-ferme de l'Amérique méridionale.

Les français ont même stipulé dans les conditions de la paix signée dernièrement à Paris, et non ratifiée, une grande augmentation de territoire aux dépens de la colonie portugaise du Brésil. Les trois provinces du Para, de Maragnon et de Sierra, qu'ils ont occupées jadis, sont à leur convenance, et leur donneront la possession des nouvelles et riches mines de Rio-Negro. Ce danger est très-imminent, et peut entraîner un jour la perte du Brésil, sans lequel le Portugal ne seroit rien. Le Portugal n'a donc, pour éviter sa ruine en Europe, et sauver le Brésil, qu'un parti à prendre, c'est de montrer beaucoup de fermeté, de renforcer son armée, fortifier ses frontières, tenir avec constance à son alliance avec l'Angleterre, mettre sa marine en bon état, renforcer la défensive, sur-tout dans la partie du Brésil limitrophe à la Guyanne française, aller forcer le nid des déportés de Cayenne, s'emparer de cette colonie pendant que les anglais sont encore maîtres de la mer, et rapporter en Europe ces déportés dont l'apparition feroit certainement beaucoup de peine, et peut-être plus de mal, au directoire français. Cette expédition, entreprise brusquement et secrettement, ne pourroit que réussir. Elle sauveroit le Brésil, et étonneroit l'Europe.

Mais on ne doit pas s'y attendre. Il semble que toutes les nations qui ont combattu ou qui ont à combattre les français, voient la tête de Méduse, et ne peuvent plus agir. Il est très-difficile de se bien défendre, quand on ne sait pas attaquer à propos.

Un autre plan de conduite que semble devoir observer le Portugal, c'est d'éviter toute hostilité avec l'Espagne, soit par terre, soit par mer, soit en Europe, soit contre ses colonies, ne fût-ce que pour desserrer les liens de son alliance avec la France, et jetter entre elles une méfiance qui puisse la rompre, et ramener l'Espagne à sa politique naturelle.

Quelque parti que prenne le Portugal, soit d'attendre passivement sa destinée, soit de montrer de l'activité et du courage, son sort dépend de celui de l'Angleterre, par conséquent des résultats du congrès de Rastadt, et de la guerre générale ou de la paix universelle.

CHAPITRE XIII.

De l'Amérique-Unie.

Les états de l'Amérique-Unie, malgré le rapprochement de principes et d'opinions, malgré l'intérêt qu'ils ont témoigné à la révolution française, malgré la prompte reconnoissance de la république française, malgré les services considérables rendus pendant tout le cours de la guerre, malgré la préférence visible accordée au commerce et même au corsairage des français, ont passé pour ennemis dès qu'ils ont voulu vraiment être neutres, et n'ont pas pu échapper aux déclamations, aux manœuvres incendiaires et aux provocations des envoyés de la république française, ni aux décrets de ses conseils, ni enfin au pillage de sa marine.

Les députés extraordinaires qu'ils ont envoyés à Paris pour terminer leurs différens sont dans la disgrace du directoire, qui retarde cette négociation ; et on continue d'arrêter et de piller leurs vaisseaux, pour les forcer à rompre leurs traités avec l'Angleterre, à qui on veut aussi fermer les ports de l'Amérique-Unie. Il est cependant bien aisé de se convaincre que la balance du commerce pour les américains est toute entière à l'avantage du commerce avec l'Angleterre, et que s'ils étoient forcés par des circonstances impérieuses à rompre leur système de neutralité, leur intérêt les devroit porter à se déclarer pour les anglais, avec lesquels ils ont plus d'analogie, et qui n'étant plus leurs maîtres, ont épuisé leur haîne.

Il paroît très-impolitique de la part de la France de pousser à bout les tranquilles américains, et de leur faire connoître leurs forces. Hors de l'atteinte des armées de terre, si le désespoir les rend guerriers, ils peuvent devenir le fléau de l'Europe. Les Antilles et les colonies des différentes puissances sont entiérement à leur disposition ; ils peuvent facilement les affamer et les conquérir ; ils peuvent empêcher la pêche de Terre-Neuve; ils peuvent désoler les côtes de l'Europe par leur corsairage. La guerre de mer a un attrait qui flatte deux grandes passions de la nature humaine, l'avarice et la méchanceté. Elle exige moins de forces, de préparatifs et de dépenses que celle de terre ; le mal que l'on fait est rapide et lucratif.

Les américains ont alimenté les colonies françaises, et par conséquent les ont sauvées. Ce service seul eût dû aux yeux du directoire français effacer les petits griefs qu'on leur reproche, qui bien considérés, ne sont pas des torts, mais au contraire, les justes procédés d'une neutralité prudente et pacifique.

Si on force les américains à former une marine militaire ; si on les oblige à mettre du canon sur leurs vaisseaux, pour faire respecter leur pavillon, ils deviendront bientôt guerriers, et cesseront d'être une nation passive. Léur propre sûreté les rendra conquérans. Le Mexique et son golfe, les Antilles, Terre-Neuve, tomberont facilement dans leurs mains, et ils seront bien dédommagés des avanies qu'on leur aura fait souffrir très-imprudemment.

L'intérêt des américains, pour soutenir leur existence pacifique et leur commerce florissant, est que la paix se rétablisse entre la France et l'Angleterre, à des conditions égales, et que si l'une doit avoir une supériorité décidée sur l'autre, ce soit celle dont le gouvernement fixe porte sur des bases tranquillisantes pour leurs voisins, et sur-tout pour le commerce maritime.

La sûreté des américains est donc à présent attachée à l'Angleterre; ils doivent craindre le contre-coup de la descente dont elle est menacée. Pendant les premières années de la révolution française, le penchant et les vœux des américains étoient pour son succès; depuis que les français sont devenus conquérans et avides de butin, tout est changé. Ils ont aliéné tous les peuples. Si l'Angleterre est envahie et désorganisée, l'Amérique sera forcée de ramper sous la puissance des français.

Le sort de l'Amérique-Unie dépend donc de celui de l'Angleterre, et par conséquent de l'influence des résultats du congrès de Rastadt, de la guerre générale, etc.

CHAPITRE XIV.

La Hollande.

En réfléchissant à la position du peuple batave, on doute si on doit le considérer comme une nation formant un corps politique séparé, ou comme un appendice, une fraction de la république française. Son gouvernement est essentiellement influencé par le ministre de France. Le pays jouit de la tranquillité de la servitude, sous la protection d'un général et d'une armée française. Le port de Flessingue est entre les mains des français qui, pour mieux prouver leur droit de communauté, ou plutôt de souveraineté, viennent d'y établir, le 5 février, une douane, dont les employés sont payés par la France.

Les hollandais sont ruinés par la communauté d'intérêts politiques et d'affaires de commerce avec la France. Ils viennent de perdre une flotte de guerre sortie fort mal-à-propos de leurs ports, par les ordres de la

France. Ils paient leur propre armée tenue en respect par l'armée française ; ils paient en outre l'armée française elle-même qui occupe toutes leurs places fortes.

Il leur en coûte pour jouir de cette espèce de liberté, cent millions de contribution qu'ils ont d'abord payés à la France. La Flandre hollandaise, Maëstricht et plusieurs autres places à la gauche de la Meuse, que la France a gardées ; Demerary, Essequibo, le cap de Bonne-Espérance, l'isle de Ceylan, et tout leur commerce de l'Inde, devenus la proie des anglais.

Mais leur république est parfaitement démocratisée, depuis le 22 janvier 98. Cette révolution s'est effectuée violemment par la minorité, comme par-tout. Les députés qui ont eu le courage de réclamer, ou la délicatesse d'abandonner leur poste, pour ne pas céder à la violence, ont été traités comme criminels, et comme traîtres à la patrie. Le directoire établi sur le même pied que celui de la France, a été proclamé dans toutes les provinces, au milieu des acclamations de la terreur, ou du silence du désespoir.

Est-il un vrai batave qui ne frémisse d'indignation, en se voyant forcé de vivre sous le joug tyrannique d'une semblable liberté ? en est-il un qui, par comparaison, ne regrette pas le stathoudérat qu'on lui fait faire le serment de haïr ? un peuple peut-il être libre sans être indépendant ? les bataves sont-ils indépendans ? peuvent-ils faire la guerre, la paix, le commerce ? peuvent-ils être neutres, sans le consentement du directoire français ? Cette nation commerçante à qui la neutralité est nécessaire pour son existence, peut-elle à son gré cesser d'épouser les querelles de la France ? n'est-elle pas forcée d'en passer par toutes les loix du directoire français contre ses propres intérêts ? ne vient-elle pas aussi par son ordre, de prohiber les marchandises anglaises à son détriment ?

Le sort de la républiquc batave, comme celui de la république française, ne repose-t-il pas sur la tête de son directoire et de ses deux conseils ? L'intérêt de la nation n'est-il pas, comme en France, sacrifié à cette odieuse olygarchie ? le sort des bataves n'est-il pas précaire comme celui des français, avec cette différence, qu'en France, il dépend de la nation qui peut le changer quand elle le voudra, au lieu qu'en Hollande il dépend du gouvernement français ? La Hollande n'est-elle pas une république démocratique, uniquement parce que la France est une république démocratique? Si demain la France se donnoit un roi, la Hollande ne seroit-elle pas obligée de se donner un stathouder? Que sont donc les bataves? Ils sont devenus les singes et les bêtes de somme de la France. Quelle existence! sans oser se plaindre de leur sort, sans pouvoir l'améliorer, ils gémissent en secret, et font certainement des vœux en faveur de leurs ennemis, contre leurs impérieux alliés.

Si l'expédition de la France contre l'Angleterre réussissoit complettement; si cette puissance rivale de la France, contre laquelle les hollandais vont aussi réunir leurs forces, étoit renversée, la Hollande seroit ruinée, anéantie; elle n'auroit plus qu'une grâce à demander aux vainqueurs, celle de cesser d'exister comme nation, et d'être incorporée dans la grande république, en se nourrissant de l'espoir de voir sortir un jour de leurs marais un vengeur, lorsque les excès de la nation française auroient révolté toute l'Europe, et lorsque l'époque seroit arrivée de voir ses crimes punis par le ressentiment de ses nombreux ennemis.

Au

Au travers des maux affreux que la révolution française a fait à la Hollande, elle vient cependant de délivrer les bataves de cette absurde fédéralité qui divisoit les intérêts et les volontés de ses petites provinces. La réunion de toute la république en un seul corps national indivisible, est un avantage immense, qui peut un jour être le salut du peuple batave. Il paroît même assez impolitique à la France d'avoir favorisé cette réunion qui dans un tems plus heureux peut donner contre elle-même au peuple batave une force d'ensemble qui lui manquoit, et qui ne peut jamais exister dans une constitution fédérale.

Quelle que soit la forme de gouvernement que l'avenir prépare à cette nation, elle doit avoir la sagesse de garder cette précieuse indivisibilité nationale; ce seroit même l'intérêt du stathouder, s'il en revenoit un, de gouverner un peuple réuni.

L'intérêt présent, mais non pas l'intérêt futur de la Hollande, paroît lié à celui de la France, parce que son sort y est enchaîné; elle doit désirer qne l'Angleterre humiliée, soit forcée de lui rendre ses conquêtes; mais elle seroit bien plus sûre de cette restitution si elle pouvoit être détachée de la France par le rétablissement de la maison d'Orange.

Mais les bataves ne doivent-ils pas craindre que si les français venoient à bout de détruire la puissance anglaise, devenus maîtres absolus de la mer, ils ne se fissent céder une partie de cette restitution, au moins le port de Trinquemalé en Ceylan, que la France a toujours convoité comme une échelle de marine militaire nécessaire entre l'isle de France, la côte de Coromandel et le Bengale.

En supposant même que les français eussent la générosité de leur restituer toutes leurs colonies, établis à Flessingue, maîtres des clefs de la Hollande par Maëstricht, Breda et la Flandre hollandaise, débouchant l'Escaut, rétablissant le port d'Anvers, ne sont-ils pas les ennemis les plus dangereux de la Hollande, soit pour le commerce, soit pour la guerre ?

Alliés avec les anglais, les bataves peuvent rester libres et indépendans; alliés avec la France, ils ne peuvent jamais être ni l'un ni l'autre ; mais on objectera qu'ils ne peuvent pas changer leurs destinées; qu'ils ne sont pas les maîtres de quitter l'alliance de la France, de se déclarer neutres, ou de se lier avec d'autres nations, même par de simples traités de commerce ; cela est vrai, et c'est ce qui rend leur sort plus misérable et plus insupportable aux vrais citoyens.

Ce n'est que par une guerre générale, si elle tourne à l'avantage des ennemis de la France, que les bataves peuvent regagner leurs colonies, leurs places frontières, Flessingue et leur indépendance. A la vérité, dans ce cas ils recevront vraisemblablement aussi un stathouder ; mais la nation seroit indépendante et libre sous son propre chef; l'ordre renaîtroit, le commerce refleuriroit, les vrais citoyens respireroient et se réjouiroient ; et cette heureuse révolution ne feroit tort qu'à quelques misérables et enragés démocrates que le trouble a élevés par la plus criminelle audace aux places principales de l'état, dont ils sont indignes.

Le sort des bataves dépend donc, etc. *Idem.*

CHAPITRE XV.

La France.

QUE dire de cette nation qui fait trembler l'univers, qui foule aux pieds toutes les bases sociales, qui traite de puérilités toutes les institutions humaines, qui entraînée de paradoxes en paradoxes à l'abnégation de tous les principes, a brisé, comme chaînes de l'esclavage, les liens sacrés de la nature, de la religion, du mariage, de l'amour paternel et filial, qui prêche les mêmes dogmes par ses missionnaires armés, qui révolutionne les peuples, et les pille en même tems ?

Vouloir retracer la carrière dégoûtante des crimes et des cruautés, dont ses démagogues furieux l'ont souillée, seroit entreprendre une satyre amère, qui n'appartient qu'à l'inflexible burin de l'histoire. Vouloir célébrer ses victoires et ses héros, seroit une flatterie pernicieuse, qui est du ressort de la poésie.

Prenons la nation française au point où

elle est arrivée, examinons sa consistance, ses accroissemens, son influence politique et morale sur l'univers, la solidité ou l'instabilité de son existence actuelle, ses dangers extérieurs, ses dangers intérieurs, et cherchons à préjuger quels peuvent être les résultats de la position où elle se trouve.

Une très-grande vertu s'est développée chez les français par la révolution ; c'est l'exaltation de l'âme. Environnés d'ennemis, ils ont fait face par-tout, par-tout ils ont déployé un courage héroïque, de grands talens et les ressources du génie. Toutes les armées continentales ont fui devant leurs guerriers ; ils ont parcouru en triomphateurs une partie de l'Europe, où jamais l'on n'avoit vu flotter les drapeaux français. Les puissances étonnées de leurs succès, de leur audace, de leur infatigable persévérance, ont fait la paix séparément l'une après l'autre. C'est aux portes de Vienne que l'empereur a signé la sienne, comme roi de Bohême et de Hongrie.

Congrès de Rastadt.

Il reste à faire la paix avec le corps germanique. Les nombreux plénipotentiaires de ce fantôme politique, sont assemblés au congrès de Rastadt, et y sont régentés par deux plénipotentiaires français, qui répondent par des notes laconiques et tranchantes aux humbles et diffuses remontrances des députés de l'Empire. Ce qui se passe à Rastadt n'est qu'une illusion politique. Une double négociation déjoue tout ce qui s'y traite. Chacune des puissances intéressées a un agent politique à Paris, qui traite à part de ses intérêts particuliers, au détriment de la cause publique.

Le congrès se dissoudroit sans rien conclure, que cela seroit encore égal, et c'est même ce que doivent desirer les membres les plus foibles de l'association germanique, pour qu'au moins il leur reste la consolation de pouvoir protester, pour que leur ruine ne soit pas sanctionnée par la forme juridique d'un congrès pacificateur.

Le rôle que jouent les plénipotentiaires germaniques à Rastadt est si avilissant, même pour les puissances supérieures, dont les arrangemens sont faits indépendament du congrès, qu'il est étonnant qu'il ne soit pas déja dissous.

Les français non-seulement ont dicté les

conditions de la paix, mais ils les ont exécutées d'avance; l'occupation de Mayence, de la tête de pont de Manheim, du fort de Kehl, de Dusseldorf, et vraisemblablement bientôt d'Ehrenbreistein, est un acheminement à la paix de l'Empire, parce que cette ligue imposante refroidit le courage des puissances qui pourroient être tentées de reprendre les armes pour arrêter leur ambition. Le corps germanique est un moribond, dont les parens partagent la succession avec un voleur étranger, qu'ils n'ont pas la force de chasser de la maison.

Le directoire français, pour précipiter la décision de cette paix, vient d'ajouter un argument irrésistible; c'est la révolution précipitée de la Suisse; rien n'a été plus prompt ni moins prévu. Une république lémanique, fabriquée à Paris, s'est formée tout-à-coup; l'aristocratie bernoise, dont le gouvernement foible et despotique en même tems, ressembloit à celui de Venise, n'a pu opposer aucune résistance. Le génie révolutionnaire démocratique a saisi à-la-fois tous les cantons. La démocratie a triomphé sans obstacle. Cette révolution helvétique rapproche le génie révolutionnaire du centre de l'Allemagne, et tous les souverains ont de profondes réflexions à faire sur cet exemple.

Il a fallu aux français six à sept ans d'essais et d'expériences, pour créer un gouvernement démocratique représentatif. Ils ont été même en tâtonnant dans la formation des républiques cisalpine et ligurienne; mais à présent ils ont perfectionné cet art. La révolution démocratique de la république batave, de la lémanique et de la transjurane, sont des chef-d'œuvres de célérité et d'audace.

Le directoire français peut diviser l'Allemagne, comme un arpenteur divise une terre en portions à-peu-près égales; tailler une république avec un nom de fleuve ou de montagne, pour chaque partie divisée; envoyer ses émissaires qui partiront à présent de points plus rapprochés · l'exécution suivra sur-le-champ; municipaliser, partager en départemens, établir un directoire exécutif provisoire et les gardes nationales, former les assemblées primaires pour élire les représentans des deux conseils, s'emparer des caisses publiques, des biens du clergé, confisquer les propriétés des aristocrates de toute espèce, c'est-à-dire des riches, réclamer la protection de la France, qui a déclaré qu'elle l'accordera à tous les peuples qui aspireront à la liberté, tout cela est facile, prompt et effrayant pour les peuples. Il est dans la nature humaine de haïr les liens, quelque doux, quelque justes, qnelque nécessaires qu'ils soient. Les hommes aiment l'indépendance et la nouveauté.

Les plans sont faits d'avance à Paris, et ne sont pas inconnus ; l'impulsion est donnée, l'exemple séduisant, les obstacles tardifs et mal-adroits, les souverains effrayés et sans union. Si la paix se fait à Rastadt sur les conditions dictées par les français, peu d'années suffiront pour amener la démocratie universelle, qui commencera ses pogrès par l'Allemagne, où elle a déja pris de profondes racines.

Quoi qu'il en soit, il faut regarder le congrès de Rastadt comme une représentation de pure formalité, la paix comme faite aux dépens de l'Empire, le Rhin comme limite de la république française ; l'Allemagne deviendra ce qu'elle pourra ; revenons à la France.

L'Italie.

Il reste encore à la France à arranger

l'Italie; elle a un prétexte ou fortuit, ou prémédité pour décider sous peu de Rome théocratique, dont l'existence doit être insupportable aux adorateurs de la raison, aux théophilantropes, aux athées. Si le pape étoit étoit un antique, les commissaires le rapporteroient à Paris pour l'étaler dans le musée national. Ils se contenteront de le dépouiller de sa dignité, de ses richesses. Les romains formeront une petite république à l'instigation des gallo-cisalpins, et ils instigueront à leur tour les napolitains et les siciliens à former deux petites républiques démocratiques. Le roi de Sardaigne, le duc de Parme, le grand-duc de Toscane, disparoîtront ensuite pour faire place à d'autres petites républiques.

L'Italie sera déchirée par le régime fédéral, par des guerres entre tous les petits états pauvres, inquiets et jaloux, dépendans et tributaires de la grande république mère, jusqu'à ce qu'un homme de génie réunisse indivisiblement cette nation régénérée et aguerrie, secoue le joug de la France et la fasse repentir de sa manie révolutionnaire...... Voilà vraisemblablement le plan encore secret du directoire français sur l'Italic; voilà, d'après ce plan, ce qu'on peut présager sur le sort de cette belle contrée. Il n'y a qu'une guerre génerale contre la France qui puisse changer cet ordre de résultats enchaînés l'un à l'autre, et qui puisse remettre l'Italie à-peu-près comme elle étoit.

Le Portugal.

Il reste encore à la France à terminer sa querelle contre le Portugal, pour enlever à l'Angleterre les ressources de son commerce, et l'asyle de ses ports, sur-tout celui de Lisbonne. Si le Portugal étoit aux pieds des Pyrénées, sa conquête seroit prompte et facile; mais son éloignement y met des obstacles qui seront encore multipliés par la répugnance très-naturelle de la cour d'Espagne, à voir une armée française traverser ses provinces, y vivre à ses dépens, pour aller envahir le royaume voisin. On a détaillé aux chapitres d'Espagne et de Portugal, les intérêts très-considérables qu'ont les deux peuples à ce que cette funeste expédition n'ait pas lieu.

Mais aucune considération n'arrêtera la

directoire. S'il a résolu cette expédition, le général français traversera l'Espagne; l'armée espagnole se réunira à lui; la consternation saisira la cour de Portugal; en Espagne, le germe de la révolution démocratique se développera; et le Portugal restera tributaire de la république française.

Quoique cette chaîne de résultats soit d'une probabilité presque démontrée, s'il se trouvoit un homme de génie à la tête de l'armée portugaise, qui sût tirer parti de la nature difficile du pays; si l'ancien honneur de cette nation, jadis si belliqueuse, se réveilloit; si elle recevoit à propos des subsides de l'Angleterre, elle pourroit tirer la guerre en longueur, défendre pied à pied ses montagnes et ses places fortes, assez multipliées, ruiner l'armée française, établir la discorde et la méfiance entre elle et les espagnols, et réussir, peut-être, par l'exemple de sa fermeté, à rallier à elle les espagnols contre leurs dangereux alliés, faire éprouver aux guerriers français, des disgraces auxquelles ils ne sont pas accoutumés, et forcer le directoire à se repentir de son imprudence de tenter aux deux extrêmités de l'Europe, deux grandes expéditions à-la-fois, en portant la guerre aussi loin de ses frontières, pendant qu'il s'occupe de la descente en Angleterre; objet principal, dont la réussite entraîne la réduction du Portugal, au lieu que le succès de l'invasion du Portugal, n'influe en rien sur la descente de l'Angleterre.

L'ANGLETERRE.

Il reste encore à la France à tenter l'expédition contre l'Angleterre. Le directoire, à force de déclamations et d'accusations outrées, a réussi à animer la nation contre les anglais. La cupidité qui voit tout l'or de l'Europe ramassé en Angleterre, se joint à la haine nationale; le plan est fait et aura lieu. Des préparatifs immenses, se continuent avec une profusion extrêmement dispendieuse. Si l'entreprise n'a pas lieu, le trésor public est épuisé, le directoire est perdu..... Bonaparte, le Scipion français, (destiné peut-être à avoir le même sort) est chargé de détruire la moderne Carthage. L'habitude des succès fait qu'on ne prévoit pas même la possibilité d'une disgrace. Personne ne doute en France de la réussite de cette imporgante expédition. C'est un *coup de main* qu'on est pressé de terminer, parce qu'on est las de sept ans de guerre; c'est, à ce qu'on croit, le sceau de la paix universelle, la base de la solidité de la république démocratique, et la fin de toutes les calamités qui, depuis l'instant de la révolution, n'ont pas cessé d'accabler la France. C'est la toison d'or, le couronnement de toutes les victoires, le prix de tout le sang, le comble de la gloire nationale.

Cette expédition aura donc lieu, et vraisemblablement dès le printems. On a détaillé au chapitre de l'Angleterre, ses facilités et ses difficultés. Si elle réussit, la république française sera la maîtresse absolue de l'univers; tous les gouvernemens de l'Europe existeront sous son bon plaisir, tous seront ses tributaires, et la nation française n'aura plus d'ennemis qu'elle-même, son orgueil, sa cupidité, son luxe, son immoralité, ses discordes, son inconstance, et sa démocratie outrée. Elle aura parcouru en peu d'années, tous les dégrés par lesquels la république romaine a passé en plusieurs siècles, pour arriver au sommet du pouvoir, et en descendre précipitamment. Alors, ce colosse trop pesant pour son piedestal d'argile, s'écroulera, se brisera dans sa chute.

Mais si cette expédition ne réussit pas, ce qui est très-possible, si la flotte invincible de l'Angleterre gagne une bataille décisive contre les flottes française, espagnole et batave réunies ou séparément; si la nation anglaise, aussi orgueilleuse, aussi énergique que la française, aussi animée par le patriotisme et la haîne nationale, repousse l'armée française aussi-tôt après sa descente, la détruit ou la force à se rembarquer avec perte, ou lui coupe la communication avec la mer, l'affoiblit, la harcèle, l'affame, et finit par faire échouer cette grande expédition qui ne peut être tentée en grand qu'une fois, et qui partiellement et en détail, peut manquer dans l'exécution; alors la France est entièrement ruinée; tous ses lauriers sont flétris; ses alliés l'abandonnent et se tournent contre elle; les autres puissances de l'Europe l'attaqueront de tout côté; elle aura perdu la fleur de ses guerriers et la réputation de ses armes; elle sera sans argent, et les discordes intérieures achèveront sa ruine. Un autre danger personnel au directoire et à ses deux très-soumis conseils, résultera du désespoir et de la vengeance des troupes qui se regarderont comme sacrifiés à la témérité et à l'ambition de cette olygarchie abhorrée. Ces soldats, à présent les seuls soutiens de son pouvoir tyrannique, se tourneront contre elle, et y seront excités par le vœu général de la nation. C'est à Paris, qu'ils iront chercher les récompenses et le pillage qu'on leur promet en Angleterre. Les généraux eux-mêmes, ou seront les premières victimes de l'excusable fureur des troupes, ou partageront leur indignation et leur révolte.

Il n'est pas même nécessaire, pour attirer cette explosion militaire contre le gouvernement actuel, que la descente en Angleterre se termine par une catastrophe honteuse pour les armes françaises. Il suffit qu'elle soit trop long-tems retardée ou abandonnée après avoir été annoncée avec tant d'emphase. Le rassemblement de tant de militaires oisifs qu'on ne pourra plus payer quand le trésor sera épuisé par ce dispendieux simulacre, excitera de même leur indignation, et les portera aux mêmes excès.

Le directoire semble prévoir ce danger, et on peut regarder comme une précaution contre l'insurrection des armées, le décret nouvellement

nouvellement rendu, qui remet sur pied les gardes nationales : c'est cependant pour ce décret très-constitutionnel, que les malheureux déportés du 18 fructidor, ou 4 septembre 97, ont été déclarés traîtres à la patrie...... C'est par la force des baïonettes que cette révolution s'est faite alors; c'est par la même force que le gouvernement actuel sera détruit.

Ce chimérique milliard en terres, dont on avoit très-imprudemment bercé les troupes, a déja été converti, par un décret, en pensions viagères qu'on leur promet. Mais croit-on qu'elles se contentent de cette transmutation de propriété réelle et immeuble, en une pension viagère qui sera distribuée arbitrairement, qui sera payée comme les autres pensions et rentes, avec des réductions, des lenteurs, ou de mauvais effets? D'ailleurs, si on n'a pas réservé le milliard en fonds de terres, sur quoi seront hypothéquées les sommes énormes de ces pensions viagères? qu'en résultera-t-il même, si on peut toujours remplir les conditions du décret? Au lieu de faire des cultivateurs et des pères de famille de cette classe précieuse de braves guerriers, on les aura transformés en une masse de rentiers oisifs, célibataires par force, et par conséquent inutiles ou dangereux, et la nation en sera surchargée. Il ne falloit pas tromper la nation, et encore moins les soldats. Ceux-ci se vengeront, et c'est leur rassemblement pour l'expédition d'Angleterre, c'est la rentrée des autres armées, à raison de la paix continentale, qui en fourniront l'occasion. Voilà le jeu dangereux que joue le directoire avec son projet de descente en Angleterre.

Dangers intérieurs.

Examinons à présent, les dangers intérieurs de la France. Toute la nation déteste et méprise le gouvernement actuel; mais elle est comprimée par la crainte du retour du régime de sang, qui seroit la ressource de ce gouvernement, s'il voyoit éclater une insurrection générale. Il s'en élève continuellement de partielles dans tous les départemens, mais sans ensemble, sans chefs habiles et puissans, sans plan; elles sont toujours éventées, étouffées par le massacre de leurs auteurs, et cependant elles renaissent continuellement. Cela prouve qu'il existe une fermentation et une indignation générales.......

La démocratie ne règne que dans la partie la plus misérable, la plus turbulente de la nation ; les propriétaires, les artisans laborieux, les cultivateurs occupés, l'ont en horreur ; mais quoique cette secte ne forme qu'une minorité, son activité supplée à son nombre, et le multiplie. Elle fournit au gouvernement des espions, des délateurs, des bourreaux, des assassins, des missionnaires, des prôneurs, des aboyeurs. C'est sur-tout dans les assemblées primaires qu'elle s'agite avec fureur ; qu'elle fait taire ou disparoître les bons citoyens, qu'elle s'empare des élections ; c'est de son sein que se tirent depuis quelque tems les membres des deux conseils. Elle infeste les armées qui ne sont pas, comme dans les anciennes républiques, un choix de citoyens, mais un mélange de toutes les nations. La plupart des généraux lui sont dévoués, ou le paroissent pour leur sûreté. C'est par cette influence démocratique que les armées sont étrangères à la nation, et n'ont montré jusqu'à présent d'attachement qu'au gouvernement qui les a achetés..... Aussi les soldats français sont-ils aussi terribles à leurs compatriotes qu'aux nations contre lesquelles ils font la guerre. Ils vivent dans leur patrie comme dans un pays ennemi. Ils se font nourrir *gratis*, voient par-tout des aristocrates, pillent, menacent, insultent; c'est sur-tout à Paris qu'ils déploient leur dureté licencieuse. Mais le jour que la paix fera rentrer la plupart d'entr'eux dans leurs foyers, que leur oisiveté et leur mécontentement les rapprocheront des plaintes et de l'oppression de leurs concitoyens, que leur intérêt redeviendra commun, ils tourneront le dos à ce gouvernement qui les éblouit à présent par de petites récompenses et de grandes promesses, et après avoir été les instrumens de l'oppression, ils deviendront les moyens de la délivrance.

Cette époque paroît encore éloignée; mais le français va vîte en révolution. Par quoi sera remplacé le gouvernement actuel? par un autre gouvernement vicieux qui en amènera encore un autre, jusqu'à ce que de chute en chute, la nation française reconnoisse qu'elle est trop nombreuse, trop avide de gloire, de luxe, de plaisirs, de jouissances, pour exister toujours sous un farouche régime démocratique, qui ne produit que des exagérations, de la frénésie, des agitations, des factions et des crimes, qui détruit la sûrité personnelle et celle des propriétés, qui anéantit tous les liens sociaux, qui, sous le nom de la liberté, tyrannise avec l'impudence la plus grossière, qui plusieurs fois par an renverse ses démagogues méprisables, en élève d'autres plus méprisables encore, qui recrute la population de la France, épuisée par ses fureurs, par la guerre, par les massacres, par l'émigration, par le bannissement, par la déportation, avec l'écume de toutes les nations de l'univers; qui déguise l'égalité politique sous les dehors les plus dégoûtans d'une fraternité sauvage, qui assomme et pille, avec la licence la plus barbare, au nom de la patrie, qui donne à la génération présente l'exemple de tous les vices, et à celle qui suit une éducation feroce et insociable.

Les français se lasseront d'être le fléau et la terreur des autres peuples, dont ils auroient pu et peuvent être encore l'amour et l'espérance. Tous ces maux dérivent du gouvernement actuel, de son inquiétude, de sa fausse politique, de son ambition, de son incapacité, et sur-tout du besoin qu'il a d'agiter par la démocratie tous les états, toutes les villes, intérieurement, extérieurement, pour se soutenir...... L'inquiétude du gouvernement se voit dans les marches continuelles de troupes au travers de la république, dans les dépenses énormes de corruption, d'espionnage et de délation, dans le choix des commissaires du pouvoir exécutif et de ses agens en pays étrangers, dans l'intolérable persécution des malheureux parens d'émigrés, qui sont restés en France, dans le choix des hommes tarés et condamnés, dont il s'entoure, et qu'il emploie enfin dans tous les ressorts de sa ténébreuse tyrannie, dans ces commissions militaires, composées de la lie des corps, de caporaux ou de tambours ivres, aussi ignorans que féroces, qui, chargés d'appliquer des loix qu'ils ne savent pas lire, assassinent d'un bout de la France à l'autre, sur la seule présomption d'émigration, et souvent malgré la preuve contraire, des malheureux de tout âge, de tout sexe, de tout état; institution effroyable, dont la barbarie légale et calculée, fait regretter les fureurs extravagantes du régne de Robespierre; tribunaux de sang dont le corps législatif épouvanté, a deux fois manifesté, dans ses messages au directoire, le désir de suspendre l'horrible activité; mais le directoire a éludé ou repoussé sa demande, soit qu'il juge que la tyrannie ne peut pas se passer de proscriptions, soit, ce qui est plus probable, que pour se débarrasser un jour des deux conseils, il ne veuille rejetter sur eux l'odieux de ces commissions qu'ils ont établies, et se ménager, aux yeux de la France, le mérite de les supprimer lui-même. Sa fausse politique se démontre par la manie de républicaniser autour de lui, de réunir des peuples divisés par une constitution fédérale, de mettre dans les mains de peuples tranquilles des armes qu'ils tourneront un jour contre la France, par les mesures hasardeuses de sa guerre de Portugal et de sa descente en Angleterre; par le sacrifice contraire aux principes de la constitution française, de la liberté d'une antique république qu'il livre à la domination du monarque autrichien, que par cet agrandissement, il rend formidable aux nouvelles républiques qu'il fonde en même tems en Italie; par la réunion de la ligue helvétique en un seul corps de nation, à laquelle il donne une force d'ensemble, qui doit un jour devenir dangereuse pour la France, tandis que celle-ci avoit dans la foiblesse fédérale des suisses, le gage de la sûreté d'un tiers de sa frontière orientale.

Son ambition perce dans l'abus qu'il fait de ses victoires, pour incorporer violemment dans la république les peuples de la rive gauche du Rhin, qui montrent la plus grande répugnance à cette association; dans la violation de la suspension d'armes pour s'emparer de Mayence, de Manheim, d'Ehrenbreistein et de l'évêché de Basle; dans le département créé à Corfou, qui est une pierre d'attente de nouveaux projets révolutionnaires contre les turcs ses alliés; dans l'avarice, l'insolence et la dureté avec lesquelles il traite toutes les nations, nommément ses bons alliés les américains; dans ses pirateries contre les neutres, sanctionnées par un décret qui lui nuit autant qu'à eux; enfin dans tous les abus de pouvoir, qui produiront nécessairement un jour une insurrection générale de tous les peuples contre la France.

Son incapacité est prouvée par l'énormité de ses dépenses qui le font continuellement recourir à ce même agiotage, contre lequel il crie, et qu'il fait quelquefois semblant de persécuter; dépenses qui le mettent dans la dépendance des fournisseurs, dont les fortunes rapides et le luxe impudent découvrent à la nation indignée les goufres qui ont englouti ses trésors. Elle est prouvée par l'impossibilité où il se trouve de rendre compte des énormes contributions de la Hollande, de l'Italie et de l'Allemagne, qui bien ménagées auroient dû suffire pour la conduite de toute la guerre, et épargner le numéraire français qui s'est écoulé en pays étranger, par le nombre prodigieux de décrets, de loix, de proclamations contradictoires, toutes sans effet; par la destruction poursuivie avec acharnement de l'ancien culte, auquel on a substitué des fêtes payennes, puériles, insignifiantes, ou qui présentent au peuple les plus viles prostituées à adorer comme le type de la divinité, par la démoralisation nationale, etc., etc....!! Les victoires de la nation, sa gloire militaire appartiennent au soldat français, au bon esprit, au courage, au dévouement patriotique de la nation; toutes les calamités qui accompagnent sa gloire militaire, sans en être compensées, dérivent du vice de son gouvernement. La constitution, fût-elle bonne, n'est ni connue ni observée; il ne devroit plus y avoir en France ni aristocratie ni démocratie, on ne devroit plus y voir qu'une patrie et des citoyens. Cette dénomination de démocratie, est le mot de ralliement des jacobins, des *sans-culottes* et des terroristes. C'est toujours la même secte, elle a la même marche et produit les mêmes effets.

Un très-grand danger de la France, c'est la trop grande extension de ses limites. Les peuples allemands qu'elle vient d'y enclaver, détestent publiquement cette réunion. Jamais on ne parviendra à plier leur simplicité aux subtilités métaphysiques, à l'audace immorale de Paris. Ils seront toujours allemands dans le cœur, et souvent on sera forcé de les traiter comme ennemis. Dans les guerres contre l'Allemagne, on les aura contre soi, au moins d'intention. On peut en dire presqu'autant des malheureux belges qu'on a tant opprimés, et des bataves qui sont plutôt les sujets que les alliés de la France. La Savoie et le comté de Nice n'aspirent qu'à dénouer le lien de fraternité dont on les a enchaînés.

Tous les bons politiques, tous les habiles militaires, tous les hommes justes, même en France, ont protesté contre cette extension de territoire. Les plénipotentiaires germaniques à Rastadt, ont fort bien observé aux français que le Rhin n'est pas une ligne de défense contre l'invasion ; que ce fleuve peut se passer par-tout, quand et comme l'on veut.

Tous les politiques français ont observé qu'une aussi grande étendue de territoire forceroit la France à entretenir une trop forte armée, rendroit la république trop militaire, lui susciteroit trop de guerres, lui occasionneroit trop de dépenses, et pourroit un jour donner à des généraux ambitieux, la tentation et les facilités de renverser la république.

Les militaires habiles disoient que les anciennes frontières de la France étoient parfaites, hérissées de deux rangs de places fortes inforçables ; que si des raisons politiques engageoient à les outre-passer, il étoit absolument dans les règles de l'art de se donner la Meuse pour limite, parce que la défensive en étoit concentrée, retrécie et facile entre Maëstricht et Luxembourg ; mais qu'il étoit dangereux militairement de porter la défensive sur la ligne du Rhin.

Les hommes justes crioient que c'étoit aller contre les droits de l'homme, violer les principes de la constitution et les sermens de la nation, que de forcer des peuples à se laisser incorporer dans la république française, sans être consultés et malgré eux; qu'il y avoit de la mauvaise foi et de la dérision à proclamer la renonciation aux conquêtes dans le tems même où l'on abusoit le plus du droit du plus fort. Ceux-là ont été les moins écoutés.

Certainement si, dans les assemblées, on consultoit la nation, (à laquelle on dit continuellement qu'elle est souveraine, en la faisant arbitrairement obéir), si on lui disoit : Voulez-vous conserver vos conquêtes, quoiqu'en jurant votre constitution vous ayez renoncé à devenir conquérante; vous allez incorporer dans votre sein des peuples qui abhorrent cette réunion, que vous serez souvent forcée de traiter, non en francs, mais en esclaves, et vous serez exposée, par rapport à cette injustice, à continuer la guerre, ou à en soutenir une générale. La nation répondroit unanimement : Nous voulons la justice, nos anciennes limites et la paix.

Le plus grand des dangers de la France, celui qui amenera nécessairement une révolution décisive, on ne prevoit pas encore en quel sens, c'est le désordre irrémédiable des finances. Ce désordre tient à la forme démocratique de l'administration dans toutes les parties de l'économie publique. La confusion des pouvoirs, la multiplicité des employés dans tous les états, le défaut de paiement, l'impunité qui en résulte, la nécessité de tout faire passer par les traitans, les anticipations, tous les anciens vices de la finance, se sont grossis et multipliés par l'ineptie des législateurs..... Les impositions, d'après l'aveu des financiers de la république, ne peuvent monter au plus qu'à six cent seize millions. On vient de rétablir la taxe immorale des loteries; on a déja osé proposer de rétablir la gabelle; on a tenté de renouveler la ferme du tabac; on tirera peut-être pendant quelque tems quelques petits tributs de quelques peuples foibles de l'Europe; cette source tarira bien vîte, et deviendra amère.

Hé bien! qu'on fasse monter la totalité des perceptions à huit, même à neuf cents millions en tems de paix, et sans dépenses extraordinaires, pour égaliser la recette à la dépense. Mais il faut en outre observer que l'immensité des arrérages dus par le peuple, qui montoient à la fin de 97, à treize cents millions, prouve que les impositions sont assez mal payées. Il faut encore observer que plus d'un tiers de ces impositions n'arrive pas au trésor national, mais reste dans les départemens pour faire face aux dépenses départementales, municipales, etc.; car ce sont autant d'états dans l'état. Pour les finances, la république est fédérative..... Comment remplir ce déficit ? que deviendra-t-il, si par la mauvaise politique ou par l'ambition irréfléchie de son directoire, la France se trouve engagée dans une guerre générale?..... Le gouvernement avoue que les préparatifs de la descente en Angleterre, forment déja une dépense extraordinaire de deux cents millions. En 1779, un simulacre de pareille descente, qui n'employa que trois mois et trente mille hommes, coûta quatre-vingt millions d'extraordinaire. Celui-ci est plus que triple pour le tems, pour le nombre d'hommes et de vaisseaux. Ainsi le gouvernement se trompe, s'il n'a pas voulu dire deux cents millions par mois..... Si l'entreprise réussit, l'Angleterre remboursera ces frais, et en outre un très-gros numéraire en sortira pour entrer en France; mais le directoire n'en sera pas plus à son aise; le gaspillage sera plus considérable; mais l'économie et la balance des finances, ne se rétabliront jamais.

Plusieurs particuliers deviendront trop riches. L'état restera pauvre. Les français seront jetés, par ce succès, dans un cours de conquête et de guerres nouvelles, où ils finiront par trouver leur ruine..... Si, au contraire, cette entreprise ne réussit pas ; soit qu'elle soit empêchée par la rupture du congrès de Rastadt, et suivie d'une guerre générale, soit par la jonction à l'Angleterre des puissances du Nord et de l'Amérique, vexée outrageusement par le corsairage, et le décret très-impolitique du gouvernement français contre la libre navigation des vaisseaux neutres, et d'ailleurs très-intéressés à ce que l'Angleterre ne perde ni sa constitution, ni sa puissance navale, et sur-tout que les français ne deviennent pas les dominateurs des mers ; soit, enfin, que les anglais la fassent échouer, alors la France sera perdue, ruinée, et le directoire et les conseils, ses acolytes, éprouveront aussi-tôt la vengeance nationale.

La France n'est donc pas à l'abri des calamités qu'elle accumule très-injustement, et même très-impolitiquement, sur le reste de l'Europe, ni de celles encore plus grandes, dont elle la menace. Sa conduite impérieuse et incendiaire, indigne et effraie toutes les nations; elle se la reprocheroit elle-même un jour, quand même elle ne devroit pas en être la victime. Elle-même est exposée à beaucoup de dangers dont elle ne peut se délivrer que par beaucoup de sagesse et de modération. Elle a sur le reste de l'Europe, l'avantage d'être seule maîtresse de son sort. Le bon sens lui dit de changer de conduite, et de donner la paix à l'univers pour sa propre sûreté..... Mais ce n'est point la terreur qu'il faut chercher à émouvoir chez le peuple français; c'est sa générosité, sa grandeur, c'est cette même exaltation qui l'a élevé au-dessus de tous les peuples de l'Europe, que l'on invoque.

Voici les conditions qui sont imposées à la nation française, par sa gloire, par la justice universelle, par sa propre constitution..... 1°. Qu'elle bride l'inquiétude cisalpine, et qu'elle rende à l'amiable la tranquillité au reste de l'Italie.... 2°. Qu'elle rende à la ligue suisse l'évêché de Basle, qu'elle n'a aucun droit de garder, à son libre arbitre; qu'elle accorde simplement ses bons offices à la république *lémanique*, puisqu'elle a suscité et favorisé son insurrection; qu'elle retire son projet de constitution transjurane et ses trente mille hommes, puisque trente mille hommes suffisent pour soumettre les suisses... 3°. Qu'elle se relâche de la limite du Rhin, en la reculant sur la Meuse, et que sur cette base modérée elle conclue la paix avec l'Empire, et qu'elle s'engage à ne pas se mêler de la discussion que pourra produire la paix de Campo-Formio, et l'envahissement par l'empereur de l'archevêché de Saltzbourg et d'une partie de la Bavière..... 4°. Qu'elle accorde au Portugal le même traité de paix modéré qu'elle a conclu avec la cour de Naples, c'est-à-dire une neutralité parfaite..... 5°. Qu'elle retire son décret tyrannique contre la navigation libre des vaisseaux neutres, tout aussi nuisible à son propre commerce qu'au commerce d'Angleterre, et qui offense si cruellement les puissances neutres..... 6°. Qu'elle annonce à toute l'Europe un armistice sur terre et sur mer, sans terme, jusqu'à parfaite conclusion d'un traité définitif, entre elle, l'Espagne, la Hollande d'un côté, et l'Angleterre de l'autre..... 7°. Qu'elle exige et accepte la médiation des puissances maritimes, pour la convention des restitutions mutuelles et indemnités entre elle, l'Espagne et la Hollande d'un côté, et l'Angleterre de l'autre, et pour la conclusion d'une paix définitive et universelle..... Certainement, aucun peuple de l'Europe, ni à présent ni à venir, dans la position triomphante où se trouve la nation française, ne pourra imaginer que la peur ou la foiblesse, l'a portée à cette juste modération. On sera persuadé, au contraire, que, fidelle à ses principes constitutionnels et à ses sermens, elle veut donner aux autres peuples l'exemple de la générosité et de la justice. Tout le monde admirera cette nation extraordinaire; elle gagnera l'amour universel; elle effacera toutes ses erreurs; elle fera taire tous ses ennemis; elle assurera sa liberté et sa constitution, et elle fondera son bonheur sur celui de l'univers. Après avoir vaincu toute l'Europe, il ne reste plus aux français qu'à se vaincre eux-mêmes. S'ils ne le font pas, ils ressembleront à tous les peuples; s'ils en viennent à bout, ils seront une nation incomparable... Mais le directoire objectera que la France a fait de grandes dépenses; qu'elle est sans argent; qu'elle a besoin d'être indemnisée.... Un voleur fut arrêté : le juge lui demanda pourquoi il voloit; il répondit qu'il avoit dissipé une très-grande fortune ; qu'il ne pouvoit plus vivre sans voler. — Il fut pendu.

Cet apologue est pour le directoire, et pour lui seul. La nation française a été châtiée de ses fautes, par ses fautes même. Elle est noble, grande et susceptible de toutes les vertus : à bien des égards, elle mérite d'être heureuse, et elle le sera. Elle-même fera son sort, punira les coupables qui l'ont égarée, se donnera une constitution sage, des loix justes, un gouvernement solide; alors elle jouira de la tranquillité dont son agitation a privé l'univers.

CONCLUSION.

Ce tableau spéculatif présente un apperçu rapide de la situation politique de quinze peuples que leurs relations, leurs intérêts, leurs mœurs, leurs rapports commerciaux, constituent en une espèce de corps politique que Voltaire a nommé la grande *république européenne*. Un seul des membres de cette association réunit contre lui, à cette époque décisive, les vœux et les intérêts des quatorze autres, qu'il effraie par son ambition, son avarice et sur-tout par sa frénésie désorganisatrice.

Malheureusement, il n'existe aucun tribunal pour juger et punir les crimes des nations. La guerre, l'horrible guerre, est l'unique recours des peuples opprimés, et ce n'est qu'en opprimant à leur tour, que les peuples peuvent arrêter les progrès militaires et révolutionnaires du peuple conquérant. On ne peut réellement pas réfléchir sur la crise politique présente, sans faire nécessairement par philantropie des vœux contre l'humanité.

La guerre que la majorité de l'Europe coalisée a faite à la France au commencement de la révolution, étoit injuste, impolitique et imprudente. Si les armes des coalisés avoient réussi à faire remonter sur son trône l'infortuné Louis XVI, c'est lui qui auroit été puni par ses alliés de la rébellion de ses sujets, puisqu'on avoit déja décidé le partage de ses frontières. Dans cette affreuse guerre, tout a été mal calculé, même l'intérêt particulier de chaque puissance. La philosophie, la justice et l'humanité, ont fait alors des vœux pour la nation française. Si elle eût succombe, la liberté eût été bannie de la surface du globe; le despotisme n'eût pas même laissé exister celle de la pensée.

Mais les victoires de la France ont amené

un autre excès, peut-être encore plus funeste, auquel il faut nécessairement opposer une digue très-forte, pour ramener l'équilibre de la modération, la seule base solide de l'existence sociale. La liberté de penser est devenue une frénésie qui a dénaturé tous les principes, usages, mœurs, loix civiles, obligations morales, la religion, la divinité même; tout a été confondu par les novateurs avec les préjugés et les abus, qui mettoient entre les hommes une distance condamnée par la raison et par la nature. Les français ont tout renversé; alors les passions n'ont plus eu de frein, et leurs excès ont acquis plus de force par leurs victoires. La vengeance, l'ambition, l'avarice, l'immoralité ont suivi et souillé par-tout leurs triomphes.

La liberté est le premier bien de la nature, l'égalité est le second. La société modifie ces droits innés, elle les gradue sur une échelle politique, elle les appuie et les réprime par les loix. Le peuple forme le corps social; il fait ou fait faire ses loix; il est souverain; mais comme tous ne peuvent pas exercer la souveraineté sur tous, le corps social la délégue; et c'est ainsi que se forment toutes les institutions politiques, depuis le despotisme jusqu'à la démocratie. Les deux extrêmes de l'ordre social sont également vicieux; dans le premier le peuple est trop peu, dans le second il est trop.

C'est le pouvoir qui corrompt les hommes; plus le pouvoir est multiplié, plus il y a d'hommes corrompus. Le despotisme ne présente qu'un tyran, la démocratie en présente un million; un homme meurt, le peuple ne meurt pas; un despote se repose, dort, a de bons intervalles, se repent, se corrige. Rien de tout cela ne peut arriver aux démagogues, parce qu'ils changent et se remplacent trop souvent; l'agitation qui les a poussés aux premières places, les y assiége et les en chasse en peu de tems.

La démocratie est-elle le régime de la liberté et de l'égalité? non; car elle élève et abaisse trop promptement et trop de gens, pour pouvoir conserver un niveau social. Tous les français conviennent qu'ils sont moins libres qu'ils n'étoient sous la monarchie; tous conviennent que leur gouvernement lui-même n'est pas libre; tous sont persuadés qu'il ne peut pas durer..... Ce sont précisément ces trois opinions passives qui font durer la démocratie, parce qu'elle leur oppose une tyrannie active. Il faut ou une volonté bien décidée, ou une grande catastrophe pour changer cet état d'anarchie; car c'est ainsi qu'on peut appeller le gouvernement de la multitude. Si une volonté très-décidée n'amène pas un grand acte national, la catastrophe arrivera; il vaut mieux que ce soit du dedans que du dehors.

La révolution française n'est pas encore finie; elle ne peut pas l'être, tant que le régime démocratique lui imprimera son propre caractère de violence, de fluctuation, de versatilité. Elle sera finie quand la nation sera bien convaincue, par sa funeste expérience, que l'usage de la souveraineté est impraticable ou pernicieux pour le peuple, que sa délégation doit être constitutionnelle, sacrée, irrévocable, tant que le délégué ou le pouvoir exécutif suit les loix constitutionnelles et les fait suivre; que la phrase : *L'insurrection est le plus saint des devoirs*, est une maxime abominable, atroce, qui amène et excuse les crimes; qu'une représentation nationale doit être toujours auprès du pouvoir exécutif, pour veiller sur le maintien de la constitution, sur la guerre et la paix, sur les impositions, les perceptions et les dépenses, mais particulièrement sur l'exécution des loix civiles, sur la sûreté personnelle et propriétaire, et sur-tout sur la morale publique; mais qu'elle ne doit ni contrarier, ni usurper le pouvoir qui gouverne, ni faire continuellement des loix, que leur multiplicité rend méprisables.

C'est tout confondre, que de charger le corps représentatif de la confection des loix. Il est nécessaire de séparer la faculté législative de la représentation nationale. Les meilleures loix ont été faites par un seul législateur, ou par un petit nombre de sages. C'est au pouvoir exécutif, d'après son expérience, à indiquer la nécessité d'une loi; c'est au corps représentatif a débattre l'utilité ou les dangers d'une nouvelle loi; c'est à un corps législatif, très-peu nombreux, à composer la loi; c'est ensuite au corps représentatif à la faire sanctionner par la nation réunie, dans ses assemblées primaires. Il en est de même de la révision périodique, et des réformes à faire à l'acte constitutionnel et aux anciens décrets..... Il est prouvé qu'un peuple peut exister long-tems et même avec gloire, aisance et prospérité, sans constitution, avec simplement un gouvernement. Il vaudroit même mieux vivre sans constitution que sans gouvernement.

Mais lorsqu'à la suite d'une révolution, une grande nation renouvelle son contrat social, elle se donne d'abord une constitution, et par cette constitution un gouvernement. Quelle que soit sa dénomination, il doit être ferme, actif et respecté; une constitution sage, sanctionnée par le peuple, est son appui, les loix sont sa force, le corps représentatif est son gardien..... Les français n'ont qu'un pas à faire pour arriver à ce point de perfection, autant qu'on peut espérer y atteindre dans les institutions humaines. Il ne faut qu'une sage réforme dans leur constitution de 95; elle doit être faite lentement, peu à peu, par un corps législatif peu nombreux et bien choisi, et sur-tout dans le calme..... C'est le gouvernement ou pouvoir exécutif qu'ils doivent établir le plutôt possible, investi d'une grande autorité, soumis aux loix et supérieur à tout le reste. Il le faut à long terme, il le faut revêtu de majesté et d'éclat. Tant que le pouvoir exécutif sera tiré du corps représentatif, et n'aura pas par lui-même un caractère de supériorité, il manquera de dignité et de force; tant qu'il sera électif, il sera trop au niveau de ceux qu'il doit commandor, trop changeant, trop facile à renverser ; enfin tant qu'il sera divisé sur plusieurs têtes, vice qu'on n'avoit pas prévu dans la constitution, et qui a été sur le point de causer la guerre civile, la désunion finira par la tyrannie du plus habile ou du plus audacieux.

La France reconnoîtra que la monarchie constitutionnelle est de tous les gouvernemens, celui qui rallie le plus la nature à la raison. C'est la plus ancienne, la plus simple, la plus sage, et enfin la plus libre des institutions, pour une nation populeuse, industrieuse et riche. Malheur au prince qui s'offenseroit de l'offre d'une telle monarchie ! Malheur au peuple qui préféreroit à ce gouvernement une démocratie anarchique ! Les français se font à eux-mêmes tous ces raisonnemens ; ils en feront l'application, et ils rétabliront de leur propre mouvement, sur une base solide, la monarchie constitutionnelle, qui sera l'unique ressource pour sortir du cahos dont ils sont dégoûtés..... Leur exemple sera utile aux autres peuples et aux souverains, parce que de part et d'autre l'expérience produira un rapprochement entre le droit et le pouvoir, entre les préjugés nécessaires et la sagesse prudente. Les peuples et les princes, pour leur propre bonheur, doivent opposer une forte digue à la démocratie désorganisatrice, que les armées françaises font marcher devant elles.

Qu'ils voient les batavesruinés par la fausse liberté, dont la France leur a fait présent pour cent millions de florins, et pour leurs places fortes les plus importantes; l'Italie dépouillée de ses richesses irréparables, et déchirée par l'anarchie et la guerre civile; la Suisse désorganisée et chargée de contributions; les malheureux habitans de la rive gauche du Rhin, arrosant de leurs larmes les rubans tricolors, qui les enchaînent à un peuple qu'ils détestent et, qui les arrachent à leur patrie, à leurs usages, à leurs mœurs, à leur religion, à leurs principes. Voilà les fruits de l'agitation démocratique, voilà les excès où elle entraîne une nation jadis généreuse.

C'est un mur d'airain qu'il faut opposer à ce torrent. C'est avec les armes qu'il faut repousser la honte et les malheurs, dont les français menacent l'Europe. Si la paix se fait à Rastadt, d'après les bases si impérieusement dictées par le directoire français, l'Europe est perdue ; il faut donc que toutes les nations de l'Europe se coalisent de nouveau, non pas pour conquérir, mais pour forcer la France à se remettre dans ses principes constitutionnels.

Cette coalition doit être composée des peuples qui sont encore libres, contre celui qui les persécute et les menace tous. L'Espagne, l'Italie, la Hollande et la Suisse sont enchaînés à leur vainqueur ; la Turquie est nulle. Il faut opposer à la France une ligue offensive et défensive, entre la Prusse, l'Autriche, l'Empire, la Russie, la Suède, le Danemarck et l'Amérique, y faire accéder, si l'on peut, le roi de Naples, la Suisse et la Turquie..... Il faut que cette ligue annulle tout ce qui a été traité à Rastadt ; qu'elle s'oppose absolument à la descente en Angleterre, par une interposition précise, ou par la guerre, si cela est nécessaire ; qu'elle impose aux puissances belligérantes un armistice rigoureux, et y force par ses armes celle qui s'y refusera.... Il faut alors que le congrès de Rastadt cesse d'être un conventicule méprisable, où les membres du corps germanique sont prêts à signer l'opprobre national et la destruction de l'Empire, qu'il soit transporté dans une ville plus à l'abri des insultes des français, qu'il devienne le congrès de l'univers entier ; qu'on y débatte avec franchise et bonne foi les intérêts des quinze peuples présentés dans ce tableau spéculatif; qu'on y assure leur existence politique sur des bases justes et fermes, et qu'il en résulte la paix universelle.

Quant au peuple français, il est en ce moment maître absolu de son sort et de celui de l'univers ; il peut se couvrir de la gloire la plus noble, et mériter la reconnoissance et l'admiration de tous les peuples ; il peut aussi combler les malheurs de l'univers, et entraîner sa propre ruine, en s'obstinant à conquérir ou révolutionner. De son choix dépend la destinée du monde entier.

FIN.

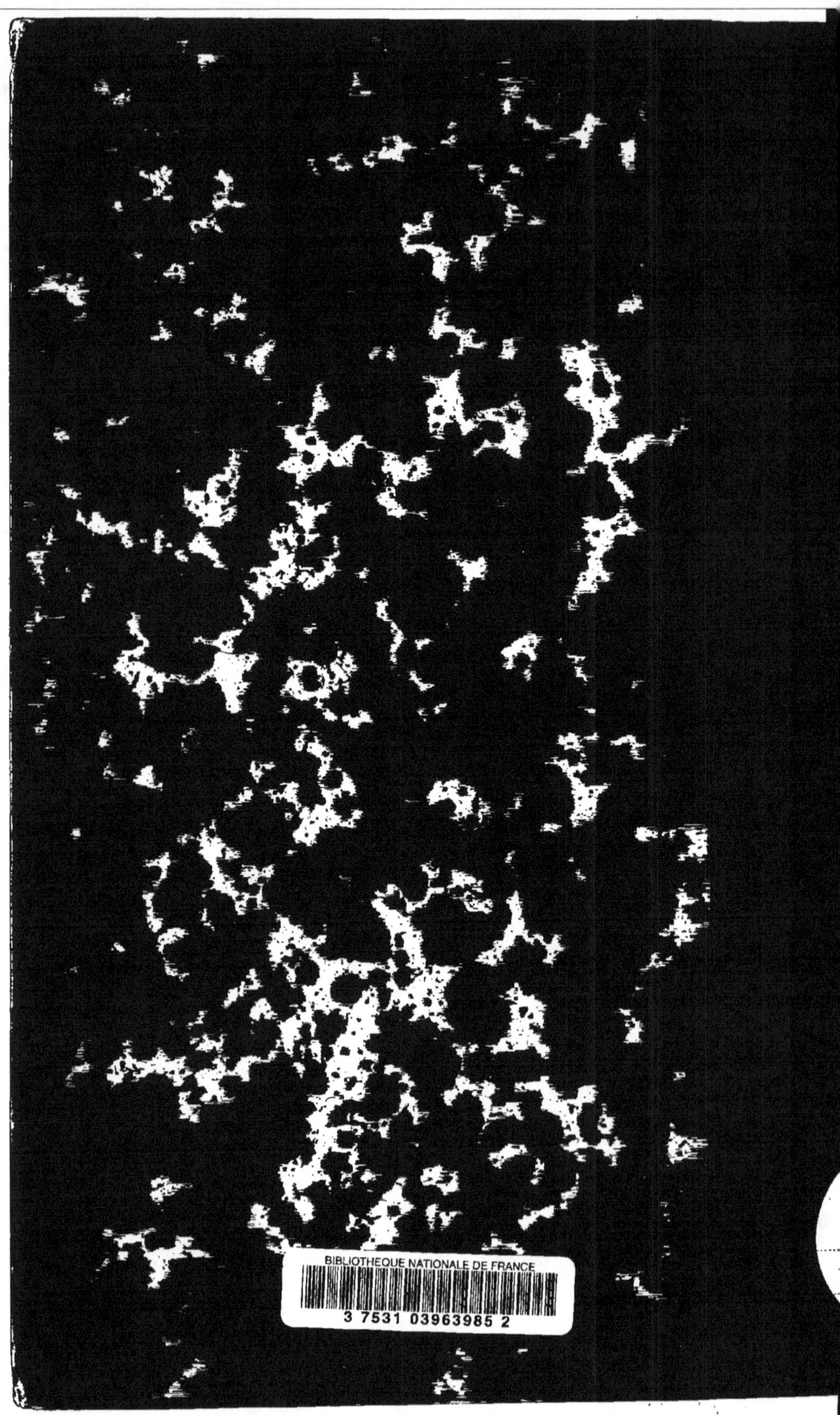
BIBLIOTHEQUE NATIONALE DE FRANCE
3 7531 03963985 2

www.ingramcontent.com/pod-product-compliance
Lightning Source LLC
Chambersburg PA
CBHW072001090426
42740CB00011B/2039